집사
훈련 교재

ISBN 978-0-687-46697-9

WRITERS

Timothy Myunghoon Ahn; James Chongho Kim;
Cheol H. Kwak; Hoon Kyoung Lee;
Sungho Lee; Koo Yong Na

·차 례·

제 I 부 직분   5

제 II 부 성경   33

제 III 부 교회   61

제 IV 부 신앙생활과 영성   85

제 V 부 지도자   107

제 VI 부 연합감리교회   135

제 I 부
직분

이훈경 목사

집사 훈련 교재

들어가는 말

이탈리아의 신학자인 몬딘(Battista Mondin)이 미국의 교회는 붕괴되고 있다고 말한 적이 있는데, 여기에 대한 반응으로 보내온 편지 중에 다음과 같은 글이 있었다. "전통적인 교회가 와해 직전에 놓여 있다는 몬딘의 말은 옳다. 그러나 그러한 재난들은 철저하게 보수주의와 권위에 집착하여, 그리스도의 복음을 교회의 최고의 법전(The Code of Canon Law)으로 받아들이지 않는 그런 교인들에게만 해당된다. 탄력성 있는 종교 공동체의 일원인 나의 느낌으로는 지금이야말로 교회에 있어서는 최고의 날이라고 생각된다." (Avery Dulles, "교회의 모델" 김기철 역, 조명문화사)

교회에 대한 이러한 생각들이 끊임없이 교차되는 가운데 하나님의 교회는 오늘에까지 이르렀다. 하나님의 교회가 지녀야하는 참다운 교회의 영성은 섬김의식이다. 그러므로 '섬김공동체'는 예수님이 원하셨던 초기의 공동체임을 부인할 수 없다.

이민사회의 현실 속에서 하나님의 역사를 이루어 나갈 교회들은 어느 때보다도 섬김의식을 필요로 하는 때임을 발견하게 된다. 이제 우리는 미국 내의 한인연합감리교회들의 '최고의 날들'이 교회 내에서의 권위주의나 계급주의를 극복하고 성서적인 바른 영성을 세우므로 진정한 '섬김공동체'를 이루는 데에 있다는 확신을 가지고 직분에 대하여 공부하도록 하자.

이민 1세대가 주류를 이루고 있는 한인이민교회가 과연 정상적으로 성장하고 있는 것일까? 사회심리적, 정치적, 경제적인 측면에서 이민교회가 안고 있는 문제들은 과연 어떤 것들이며, 그 문제에 대하여 교회는 얼마나 민감한가? 그 반응은 어떤 것인가?

우리는 한인 그리스도인들이 걸어온 삶이 새로운 환경(비록 그 환경이 기독교적인 환경이라고는 하지만)에서 어떻게 적응해 왔으며, 또 앞으로 어떻게 하나님의 뜻을 따라 바르게 살 수 있는지 생각해야 할 것이다. 더구나 우리들의 본래 심성에 자리한 문화적 양상이 하나님의 몸되신 교회가 지녀야할 성서적인 영성인 '섬김의식'을 와해시키는 요인이 될 수 있다면 더욱 그렇다.

필자는 연합감리교회라는 미국의 한 교단에 소속된 한인 연합감리교회들이 문화적이고 제도적인 차이 때문에 겪고 있는 문제들 중의 하나인 직분에 대한 본질적인 이해를 위해서 이 교재를 시작하고자 한다.

한인연합감리교회들은 교회의 행정 처리 면에서 상당한 혼선을 갖고 있는 것이 사실이다. 그 이유는 미국연합감리교회에는 직분제도가 없는 관계로 생기는 직분에 대한 이해의 부족과 우리 자신이 자라온 한국교회가 답습해 온 직분에 대한 성서적인 바른 이해의 부족에 기인하고 있다. 결국 한인연합감리교회는 '이중적 직제 운영'이라는 범주를 벗어나지 못하고 있다.

필자의 관심은 우리의 이러한 부정적 요소가 있음에도 불구하고 이것을 극복하는 바른 모델을 위한 직분 이해에 있다. 소위 "교회 직제의 이중구조," 라는 현실적인 문제를 극복할 수 있는 구체적 방안은 "직분에 대한 바른 이해에서만 가능하다"는 전제를 두고 이 교재를 쓰는 것이다. 직분제도에 대한 올바른 이해는 직분자는 교회 내에서 뿐 아니라, 자신이 처한 어떤 자리에서도 봉사해야 하는 직분임을 이해하는 것이다. 하나님의 교회에서의 직분은 예수께서 세상을 향한 섬김에서 본을 보이셨듯이 섬김의 삶을 실천하기 위하여 있는 것이기 때문이다. 분명 교회 내에서 직분은 세상에서 말하는 직책간의 위계질서와는 달리 사랑과 섬김의 차원에서의 분담이라는 사실이다.

교회 내에서 직분의 구분의 시작은 예루살렘 교회의 사도들에 의한 것으로, 교회의 팽창에 따라 효과적인 교회 운영을 위해 필요하였다. 한인연합감리교회 전국연합회에서는 한국감리교회의 전통에 따라, 교회 안에 평신도 신령직제를 두어 운영하도록 하고 있다.

신령직이라 함은 집사직, 권사직, 장로직을 의미하는 용어이다. 신약성경에는 초대교회의 직분이 세 가지로 나타나는데, 감독 (episkopos), 장로 (presbyter), 그리고 집사(deacon)이다. 이들 삼중의 직분들은 시간이 흐름에 따라 각각 다른 형태로 오늘날 개체교회에서 신령직분으로 자리 잡게 되었다. 각 직분에 대한 바른 이해를 위하여 교회가 각 시대마다 직분에 대하여 어떻게 이해하여 왔는지 살펴보는 것이 매우 중요한 과제다. 각 시대의 직분에 대한 이해의 근거에서 오늘날 우리들의 직분에 대한 바른 이해가 형성될 수 있을 것이기 때문이다.

1장
각 시대의 직분제도 이해

교회의 직분제도와 그 형태는 성경에 근거를 둠과 동시에 한편으로는 그 시대의 상황에 따라 다양하게 변천되어 왔다. 희생제사를 드리던 구약시대에도 사제인 "제사장"과 "장로"라는 말이 여러 곳에서 쓰이고 있는데, 이는 공동체를 유지하기 위한 제도로써 오히려 일반 정치와 비교함이 타당할 것이다. 왜냐하면 신약성경의 교회는 하나님과 인간관계를 더 이상 희생제사를 중심으로 이해하지 않기 때문이다. 그러므로 여기서는 직분제를 이해하기 위하여 신약성경을 중심으로 다루고자 한다.

1. 신약시대의 직분제도

사실상 신약성경에서는 오늘날 교회에서 사용하는 "직분제도"(office)와 대등한 용어를 찾기가 힘들다. 직분제도가 있다고 하더라도 그것은 구약적인 배경과 문화에서 이해되어야 한다. 따라서 현대교회의 현실에서 접근할 수 있는 교회 직제에 대한 신약성경의 근거로는 그리스도인의 봉사직에 해당되는 언어에서 접근할 수 있을 것이다.

1) 카리스마(karisma)와 디아코니아 (diakonia)

신약성경에서 직무를 가리키는 가장 일반적인 말을 찾는다면, 그것은 아마 "카리스마"일 것이다. 바울은 로마서 6:23에서 "하나님의 은사는 그리스도 예수 우리 주 안에 있는 영생이니라"고 고백을 한다. 바울에게는 은사가 대단히 중요한 개념이다. 모든 그리스도인들이 주님을 위하여 봉사하는 것은 하나님으로부터 부여받은 은사이기 때문이다.

신약성경은 근본적으로 그리스도인들이라면 누구에게나

은사가 주어져 있다고 하는 은사의 보편성과 아울러 다양성을 크게 강조한다. 이런 의미에서 보면, 소위 말하는 "직분" 곧 "부르심"은 "자리의 점유가 아니라 성령의 은사와 상관 관계에 있다."[1]

바울에게 있어서 은사는 그리스도를 위하여, 그리고 그리스도인으로서의 삶을 살아가는 자체이기 때문에, 그리스도인들의 구체적인 삶에서 나타나게 되어 있다. 그러므로 "어떤 책무를 동반하지 않는 하나님의 은사나 선물은 없으며, 행동으로 옮겨지지 않는 은혜도 없다."[2] 이 점에서 은사인 카리스마는 섬김 혹은 봉사를 의미하는 디아코니아와 연결되어야만 한다. 이것이 우리가 교회의 직분에 대하여 근본적으로 이해해야할 신학적 이유이며 또 근거이다.

"디아코니아"라는 용어는 공관복음서와 사도행전에서 특별히 많이 사용되었고, 바울 서신과 베드로 서신에서도 사용되었다. 디아코니아라는 용어는 다음과 같은 의미로 사용되었다. ① 종이 집주인의 식사 시중을 들기 위해 봉사하는 상하관계의 신분을 표시하는 일반적인 의미로 사용되었다 (누가복음 10:40, 사도행전 6:1). ② 다양한 모든 교역은 오직 하나님께 돌려지는 일이라는 특별한 의미로 사용되었다 (고린도전서 12:4 이하). ③ 특별한 복종의 행동을 의미하는 것으로 사용되었다 (로마서 11:13; 고린도후서 4:1). ④ 의례적으로 일어나는 것이 아니라 그리스도인의 진실한 사랑의 행위를 의미하는 것으로 사용되었다.

좀 더 구체적으로 말하면, 사도 바울이 사용하고 있는 은사의 개념은 그리스도인의 신실한 사랑의 행위와 연결되어 있기에, 사사로운 것이 아니라, 공동체에서 행하여질 때 비로소 은사의 가치가 있는 것으로, 곧 "기독교적" 은사가 되는 것으로 이해하여야 한다. 즉 아무리 은사가 신비스러운, 영적인 것이라고 할지라도, 기독교성을 지니려면 그 은사의 실천 내용과 방식이 공동체성을 배제하여서는 아니 된다는 말이다. 고린도전서 12장에서 바울은 은사의 하나로 영적인 것을 포함시킨다. 그러나 이 장에서 보여주는 것은 "그 능력들로 하여금 그리스도와 공동체를 섬기게 되도록 함을" 원칙으로 한다.[3] 사실 이것만이 이교도들이 말하는 영적인 것들과 독특하게 구분될 수 있는 것이다.

따라서 우리는 신약성경의 교회가 일정한 형식의 직분제도를 지녔다고 생각하지는 않지만, 공동체를 지향하며, 상호 섬긴다고 하는 신앙 전통의 구현으로서의 "디아코니아"에서 직제의 본질적 특성을 찾을 수 있다고 믿는다.

그러므로 교회와 그 직분제 또는 은사가 신령하고, 거룩하며, "초자연적"이라고 한다면, 그 근거는 다름 아니라 은사의 공동체성, 섬김 지향성 따위의 디아코니아적 특질에 있다고 우리는 이해한다. 기독교가 말하는 초자연성이란 바로 이 세상과 다른, 하나님께 속한 성질을 가리키는 것이기 때문이다. 이와 같은 초기 교회의 "만인제사권" 전통을 중시한다면, 교회는 개인의 권리를 주장하는 사람들의 집합체가 아니라, 그 구성원에게 있을 다양한 은사가 다양하게 표현되는 여러 사람의 사제권이 결합한 영적인 공동체임을 확인할 수 있을 것이다. 그곳에서는 하나님께서 각자에게 허락한 은사가 기능적으로 표현되며, 그 은사를 받은 이들은 그리스도를 위하여 책임을 감당하는 자들, 즉 '지도자'의 진정한 의미로 나타날 뿐이다. 그러므로 모든 시대의 교회 직분제는 이와 같은 카리스마의 원리와 디아코니아에 비추어 검토되어야 할 것이다.

2) 신약시대의 직분제도의 기능

신약시대의 직분의 기능에 대하여는 먼저 사도들의 기능에 대하여 살펴봄이 유익할 것이다. 요한복음 21장에 언급되는 예수님이 베드로에게 주시는 목회사역의 사명은 개인적인 권위에 있지 않고 부활의 주를 전파하는 일과, 부활의 주를 따르는 무리들을 돌보는 일과, 제자도를 이루어 가는 일에 초점을 두고 있다. 사도행전을 쓴 누가나 바울의 입장이 다소의 차이는 있으나, 두 사람 모두 사도들의 사명은 일차적으로 "부활의 주를 증거하는 일"임을 확실히 하고 있다. 바울의 사역을 보아도 명령을 내리기보다는 권면을 하였으며 삶의 모범을 보인 것을 볼 때에 초대교회에서 직분제는 근본적으로 권위와 봉사 혹은 섬김이 조화를 이루는 것이 원칙이었을 것이라는 가능성이 높다.

이런 의미로 볼 때에 예수님이 원하셨던 그 시대의 사도들의 기능은 몇 가지가 있었다. ① 사도들의 기능 가운데 가장 기본적인 기능은 증거자가 되는 일이었다. ② 사도들의 기능 가운데 또 중요한 기능은 봉사하는 일, 즉 섬김의 삶이었다. 바울은 데살로니가전서 2:8에서 "우리가 이같이 너희를 사모하여 하나님의 복음으로만 아니라 우리 목숨까지 너희에게 주기를 즐겨함은"이라 말하고 있다. 사도의 일이 복음을 전하는 일과 그리스도의 사랑으로 삶 전체를 헌신하고 봉사하는 것을 포함하고 있다는 점이다. ③ 사도들의 기능 가운데 또 한 가지 중요한 것은 제자도(discipleship)와 지도력(leadership)을 지속시키는 일이다. 예수의 사도로서 예수의 일을 지속시키기 위한 훈련의 필요성을 말하는 것이다. 결국 부르심의 세 가지 형태 중인, 봉사와 섬김, 그리고 지도력이 신약성서에서 말하는 목회를 위한 공동적 기능이라 하겠다.

2. 교부시대의 직분제도

일반적으로 속사도시대로부터 5세기까지를 "교부시대" 라고 말한다. 교부시대 이후 교회의 직분제도는 계속 변천하여 교회의 단결력을 강화시키고 목회사역을 활발하게 하였다. 세월이 지나가면서 교역자의 사회적 지위가 선망의 대상이 되면서, 신학 교육을 받고 교역자가 되는 교역자들은 평신도와 구별되는 특수한 직급의 제도로 변하게 되었다. "사제직의 계승"만 하더라도 처음에는 신도들의 의견에 의해 선택되어지는 민주적인 방법이 시도되었으나 차츰 이 제도는 교권주의에 예속되는 형태로 변하게 되었다.

교부시대의 직분제도는 공동체의 필요에 따라 공동체의 의견으로 직제가 선정되었으며, 그들의 임무는 교회의 신도들에게 봉사하기 위한 것이었다. 그러나 이러한 공동체를 위한 직제가 차츰 계급화 되어가면서 권위의식에 고착되는 모습으로 변모되어 갔다. 즉 이 시대의 교회는 이미 이중계급 구조를 지향하고 있었다. 그러나 그 출발점과 동기는 여전히 성서적 신앙을 보다 효율적으로 계승하며, 외부의 박해와 내적 이단을 막으려는 것이었다고 할 수 있을 것이다.

3. 중세시대의 직분제도

이 시대는 '성직주의'와 교회의 삼중구조(감독, 장로, 집사)가 완성된 시기라 할 수 있다. 오늘날 우리가 말하는 특권적, 배타적 의미에서의 "성직자"는 성경에는 없었다. 성직자(clergy)라는 말은 "택함을 입은 자"인데, 성경은 그리스도를 믿는 모든 사람들이 하나님의 택함을 입은 자들이라고 명백히 말하고 있기 때문이다. 아브라함에게 행해진 약속의 상속자들 가운데는 "유대인이나 헬라인이나 종이나 자유인이나 남자나 여자나 다 그리스도 예수 안에서 하나이니라"(갈 3:28); "너희는 택하신 족속이요 왕 같은 제사장이요 거룩한 나라요 그의 소유가 된 백성이니"(벧전 2:9). 그러나 세속 왕권의 비호를 받게 되면서부터 교회들은 삽시간에 그 뿌리가 되는 섬김의 은사로서의 직제라는 성서적 직제관을 버리고, 특권으로서의 직제로 옮겨가게 된다. 이와 같은 배경에서라야 우리는 중세의 교회에서 한때 황제가 교회의 성직 임명권을 누렸다는 사실을 이해할 수 있다.

"평신도"라는 말은 3세기에 들어서면서 사용되기 시작되었다. "평신도"는 교회 안에서 일정한 지도력을 발휘하는 일종의 엘리트 집단을 가리키는 말이었고, 주로 성직자의 부재시 그를 대신하여 세례를 베풀고 제의를 행사할 수 엘리트 집단의 사람들이었다. 따라서 이 "평신도"라는 말은 기독교인들에게 장로와 집사라는 말과 동일한 존엄성과 직무에의 소명을 상기시켰다. 그러나 엘리트 집단으로서의 이 평신도 개념은 약 50년 정도만 유지되었다. 중세시대의 모든 교회들이 한결같은 직제구조를 가졌던 것은 아니다. 그럼에도 불구하고 우리가 알 수 있는 것은 직분제도가 성직 안에서도 발전해 나갔다는 사실이다. 즉 상급 성직자 계층과 하급 성직자 계층이다. "상급 성직자 계급에는 감독, 장로, 집사의 삼중구조였고, 하급 성직자 계급에는 수문자, 측귀자, 독송자, 성서 낭독자, 복사 등 필요에 따라 다양하게 변화되어 간 것이다."[4]

위의 사실들로 미루어 보아 우리는 공동체를 위한 직분이며, 공동체가 민주적으로 선출하여 증거와 봉사와 지도의 책임을 위임했던 초기 교회의 섬김의 은사 정신이 엄청나게 상실되고 말았음을 알 수 있다. 이제 성직자는 교회의 회중이 선출하는 것이 아니라 성직자단 또는 감독의 고유한 권한에 속하게 되었다. 나아가 교황은 교회생활만이 아니라 교인들의 생활 일체(사회생활 포함)를 관할하기에 이르렀으며, 이와 같은 상황은 종교개혁 이후에도 달라지지 않는다. 그러나 종교개혁과 더불어 교회의 직분제도는 점차 크게 변하기 시작하였다.

4. 종교개혁시대의 직분제도

종교개혁시대는 "오직 믿음으로만"이라는 사상과 "만인사제론"을 교회의 직분제도와 연관하여 생각해 볼 수 있다. "오직 믿음만으로 의롭게 된다"(복음주의)는 사상은, 소극적으로는, 중세의 성직자주의가 만들어낸 "선한 행위를 통해서 구원을 얻는다"는 "율법주의"를 만들어낸 면죄부 판매를 거부하는 신학적 기반이 되었으며,[5] 적극적으로는, "성직자주의"의 거부, 곧 만인사제론을 이루었다. 나아가, 고해성사와 구원 이해는 교회를 새롭게 이해하게 도와주었다.

교회는 하나님께서 그리스도를 통하여 은총을 계속 베푸시며, 믿는 사람들을 의롭게 하는 믿음의 공동체이다. 교회를 교회되게 하는 것이 성직자 직제가 아니라 신도들의 믿음이라면, 참 신도들의 모임인 교회는 "불가시적 교회"라고 말할 수 있다. 교회가 진정한 구원의 도구가 되기 위하여 "완전한 사회"일 필요는 없다. 교회는 오히려 "용서받은 죄인들의 무리"이다. "교회를 교회되게 하는 것은 인간의 어떤 요소가 아니라 보이지 아니하는 '하나님의 은총'이기 때문이다. 우리는 여기서 성서의 한 원리였던 '카리스마'의 새로운 표현을 본다. 교회는 은총의 공동체이며, 은총에 복종하여야 한다."[6]

이로써 우리는 종교개혁자 루터에게서 중요한 교회의 원리, 만인사제론과 은총의 원리를 발견한다. 우리가 아는 대로, 루터는 베드로전서 2:9의 말씀 "너희는 왕 같은 제사장들이다" 라는 구절을 인용하면서, 그리스도인들은 각자 하나님 앞에서 제사장이라고 주장했다.

이제 그리스도인들은 각자가 담당하고 있는 삶의 영역에서 복음을 선포하고, 이웃을 사랑으로 교화하여야 한다. 즉 루터는 더 이상 교황권을 인정하지 않았다. 아니 더 이상 인정할 수가 없었다. 하나님의 뜻을 바로 알게 되었기 때문이다. 다시 말하면, 그리스도인들은 서로서로 죄를 꾸짖고 용서와 구원을 선언하고 화해시키기 위하여 부름 받았다고 했다.

그러나 과연 루터가 중세교회의 직분제도를 철저히 거부하였는가? 아니다. 그는 은총의 원리만이 아니라 제도의 원리의 유용성을 잘 알고 있었다. 만인사제론이 모든 신자들을 교회 안에서 평준화시킨 것은 아니다. 루터의 교회에는 엄연히/여전히 "직제"가 있었다. 소위 개신교의 4중직, 곧 목사, 장로, 집사, 교사의 직제다. 이 직제에 대하여 루터가 각각 어떤 생각을 했는지는 여기서 그리 중요하지 않다. 그러나 확실히 말해야 할 것은 종교개혁 시대에도 교회 안에서 신자들이 완전 평준화가 된 것은 아니라는 사실이다.

---

1. 천병욱, "교회 직제의 성서적 신학적 의미", *기독교사상* 1982 년 11월호 p.22
2. Kasemann, "신의와 성례전" *복음주의 신학총서 제28권*, p.195
3. Kasemann, ibid., p.196
4. 이장식, "교회 직제의 역사와 성격" *기독교사상* 1982년 11월 호, pp.32-33
5. E.G Jay. "교회론의 역사" (대한기독교서회 1986), p.182
6. William A. Scott. [김쾌상 역] "개신교 신학 사상사" (대한 기독교출판사 1988) p.33

2장
감리교회의 직분제도 변천과 그 이해

한인연합감리교회에서의 직분제도는 미국연합감리교회의 직분제도 변천과 한국감리교회의 직분제도 변천과정을 이해하는 데에서만 이해가 가능하다.

1. 미국연합감리교회의 직분제도 변천과정

미국에서의 초기 감리교회 운동에는 평신도의 활동이 아주 중요한 역할을 담당하였다. 영국감리교회는 미국에서 공식적으로 '교회'라는 기구를 형성하기 1년 전인 1783년에 이미 309명의 평신도 선교사를 미국에 파송하였다. 초기 감리교운동에는 영국에서보다는 미국에서 평신도운동이 더 활발하였던 것으로 보인다. 감리교회의 평신도들은 교회 내에서의 정치적 위치와 관계없이 "교회의 사명" 수행에 있어서 성직자들과 다름없이 적극적이었음을 말하는 것이다.

이제 연합감리교회의 직분제도를 살펴려 함에 있어서 1984년 미연합감리교회가 새로 마련한 장정에 나오는 교회의 직제 구분을 따라 "말씀 사역자"와 "섬김 사역자"라는 범주를 사용해 보려고 한다. 이 장정은 그리스도인들의 직무를 셋으로 구분하였다. 즉 모든 그리스도인들의 "일반 사역직" (general ministry of all Christians), 하나님의 부르심을 받은 회중을 대표하는 "대표 사역직" (representative ministry of service), 그리고 전통적 의미의 성직자, 곧 "안수받은 자의 사역"을 가리키는 "특수 혹은 전문 사역직" (specialized ministry of the ordained)이 그것이다.

이와 같은 "미국연합감리교회의 삼중직제"는 전통적인 성직자/평신도라는 구분보다는 그 기본 신학에 있어서 훨씬 더 성서적이요 개신교적이라 할 수 있다. 왜냐하면 그 구분을 그리스도의 사역에 기초를 둔 평신도의 사역이 교회의 기반이라고 하는 면에서 직제를 이해하고, 신앙의 위임은 어느 특정 계급이 아니라 일차적으로 하나님을 믿는 "모든 신앙인들"에게 주어진다고 하는 개신교 전통에 따른 현대적인 적용이기 때문이다. 이러한 미국연합감리교회의 삼중구조를 염두에 두면서도 우리가 추구하고자 하는 직분에 대한 바른 이해를 위하여 "섬김과 사랑의 사역직"과 "말씀의 사역직"으로 구분하여 공부하고자 한다.

1) 말씀의 사역자

1884년의 장정에는 교회의 교역자 반열과 평신도 임원을 나누어 놓았는데, 교역자 (오늘의 성직자) 반열에는 감독 (Bishop), 감리사 (Presiding Elder), 목사 (Pastors), 설교자(Local Preacher)로 구분하고 있다.[1]

교역자 반열에 들어 있는 "설교자"는 "계삭회"에서 자격을 인준 받았고, 자격증을 받았다. 이들은 "평신도 설교자"(Lay Speaker)와 함께 감리교회의 선교에 중대한 공헌을 한 이들이다. 그런데 "설교자"에 대하여는 성직자와 평신도라는 이분법의 도식을 적용시키기가 곤란하다. 왜냐하면 성직자와 평신도의 구분은 "성례전 중심의 사고"에서 이해되고 있기 때문이다. 그런 의미에서 감리교회의 "설교자"들은 가톨릭교회의 수도자들처럼 어디까지나 평신도 사역자들로 이해할 수 있다. 그러나 다른 한편 그들은 "사역자"라는 의미에서 성직자의 대우를 받았다고 할 수 있다.

2) 섬김과 사랑의 사역자

초창기 미국감리교회의 "평신도" 임원들은 다섯 가지로 구분되어 있었다. 권사 (Exhorters), 속장 (Class Leader), 청지기 (Stewards), 재단이사 (Trustees), 교회학교장 (Superintendents of Sunday School)이다.

"권사"는 계삭회에서 자격증이 수여되며, 공중 앞에서 증거하거나 찬송을 부르는 일, 그리고 기도하는 일을 하였다. "요한 웨슬리는 누구도 자격증 없이 권사의 일을 감당하는 것을 원치 아니하였다."[2] 여기서 주목할 점은 계삭회에서 자격증을 갱신한 점이다. 이것은 교회의 평신도 자원 봉사직은 '영구직'으로 주어지는 것이 아니라, 계속 바뀜으로써 여러 사람이 동참할 수 있는 기회를 주었다는 의미이다.

"속장"의 직책은 개체교회의 설교자(담임자)가 임명하는 직임이었다. 요한 웨슬리는 이 직임에 대하여 말하기를 "이것이야말로 우리 감리교회가 과연 구원을 위하여 일을 하는지 아니하는지 가장 쉽게 알 수 있는 것"[3]이라 하였던 만큼 가장 감리교적인 직임이라 할 것이다. 이들은 속회원들을 한 주에 한 번씩 만나며, 그들의 영혼을 위하여 권면하며 병자나 신앙의 길을 잘못 걸어가는 사람들을 목회자에게 보고하는 일을 하였다.

"청지기"는 계삭회에서 선출되었다. 이들은 "재정회의"에 참여하며, 목회자의 생활비를 책정하며, 이들 이외에 다른 이들은 예산에 들어있는 재정에 간여할 수 없었다. 그러므로 이 직임은 믿음의 상태를 아주 중요하게 보아야 했다.

"재단이사"는 교회 재산 전반에 대한 책임을 감당하여야 하였으며, 이들도 계삭회에서 선출되었다.

"교회 학교장"은 담임목사에 의해 추천되어 계삭회에서 선출되었다.

1889년 장정에는 각 평신도들의 책임에 대하여 좀 더 자세히 설명하고 있다. 권사에 대하여는 그 자격을 엄격히 강조하고 있음을 볼 수 있다: "누구든지 권사의 일을 하고 싶으면 그는 계삭회에서 인정되어야 하며, 개체교회의 천거가 없이는 자격증을 줄 수 없다."[4] 권사들이 하여야 할 일들에 대하여도 "목회자의 지도를 받으라" 라고 구체적으로 명시하고 있으며, 그들이 좀 더 관심을 두어야 할 일들에 대하여도 "부지런히 연습하며 자신들이 맡고 있는 지역이 정식 멤버가 되도록 노력하여야 한다"[5]고 했다. 이것을 보면, 감리교회의 권사는 성경에 나타나 있듯이, 작은 범위 내에서 사실상 목회자의 역할을 담당하고 있었음을 알 수 있다.

속장에 대하여는 그 권한을 한층 더 자세히 언급하고 있다: "속장은 그가 맡은 지역에 대하여는 마음 놓고 말하도록 하며, 속회를 인도하는 일에 있어서도 자신의 방법대로 하도록 허용하라"[6]는 것을 그 골자로 하고 있다.

청지기(Stewards)에 대하여는 "감리교의 교리에 대하여 알고, 그것을 사랑하는 자" 라고 함으로써, 청지기직은 감리교에 대하여 충성심과 자긍심이 매우 많은 사람이어야 함을 강조하고 있다. 특별히 이 청지기는 "목회자의 일에 대하여 잘못된 것이 있으면 충고도 하고, 목회를 위하여 자신들의 생각을 나누며, 교회에 필요한 재정 일체에 대하여 책임을 지며, 목회자의 생활에 대하여 책임을 져야 한다"[7]고 했다. 그리고 청지기직이 7명을 넘지 않도록 제한을 두고 있다. 또한 청지기 선정 기준을 "입교인 30명에 한 명을 선출하는 것과 담임목사에 의해서 천거"되어야 함을 명문화하고 있다. 나아가 '지방'에는 지방별로 지방의 청지기들이 있어서, "청지기 지방회"(District Stewards' Meeting)가 있었다. 그러나 미국감리교회의 초기에 청지기직이 있었다는 역사적 사실이 직분에 대한 중요한 면을 몇 가지 제공한다.

첫째, "청지기"라는 용어는 알고 보면 미국 초기 감리교회에 있던 청지기가 이미 한국감리교회의 장로직에 해당하는 직임이었음을 여러 모로 확인할 수 있다. 그 이유는 교회의 일반 재정은 물론이요, 구체적으로 목회자 생활에 대하여 책임을 진다는 점, 그리고 교인 30명에 1명을 선출하는 선정 기준 등은 한국감리교회의 장로직 이해와 기준에 정확히 일치하기 때문이다. 그러면서도 장로교회의 장로직처럼 교회를 "다스리"는 직은 결코 아니었다는 점이다. 그러므로 오늘날 한국 또는 한인감리교회들이 장로직을 선택한다고 하는 단순한 사실 하나 때문에, 그 교회들이 감리교회의 "전통"을 이탈하였다고 말할 수는 없다.

둘째, 그런데 현재의 미국연합감리교회는 권사직을 송두리 채 제거하였을 뿐 아니라, 감리교회의 독특한 전통인 속장직과 청지기직을 유명무실하게 만들고 말았다는 점이다. "장정"을 보면, 여전히 속장과 청지기직을 두고 있으나, 현재 연합감리교회의 주요 직능은 여러 위원회들을 중심으로 운영되고 있음이 현실이다. 그리고 연합감리교회의 현재 "장정" 251단에는 매우 막연하게, "청지기라고 말할 수 있는" 평신도 임원을 구역회가 선정한다고 했으나, 그 이외의 어떤 규정에서도 청지기 "직임"을 다루고 있지는 않다. 단지 "청지기 위원장"의 책임 중 하나가 모든 교인들의 청지기 정신, 사명을 고취하는 것임을 밝히는 제262단 10, a항이 있을 뿐이다. 그러므로 우리는 1988년에 나온 한국어판 "장정"(김찬희 역편)이 개체교회의 청지기직을 모두 삭제한 사실을 충분히 이해할 수 있다. 즉 오늘의 미국연합감리교회에서는 청지기직을 포함한 과거의 평신도 사역직 전통이 완전히 사라지고, 전혀 새로운 "유급" 평신도 사역직이 그 자리를 대신하고 있다.

셋째, 청지기직을 최대한 7명으로 상정하고 있다고 하는 사실은 당시의 사회에서는 소위 "대형교회"의 최대 크기가 입교인 210명 정도였음을 간접적으로 말해 준다.

넷째, 그러나 이 모든 사실에도 불구하고, 현재 한국감리교회의 장로직은 결코 초기 미국감리교회의 청지기직에서 유래된 것은 아니라는 점이다. 이제 개체교회에서 어려움이 되고 있는 "장로직"에 초점을 맞추면서 한국감리교회의 직분제도의 역사를 간단히 살펴보자.

2. 한국감리교회의 직분제도 변천과정

한국에 복음이 전래된 이래로 교회는 계속적인 발전을 거듭하여 왔다. 양적이든 질적이든 그 팽창과 함께 필연적으로 겪을 수밖에 없었던 문제가 바로 교회 내의 직임에 대한 것이었다. 어떻게 보면, 한국인의 심성에 자리 잡고 있는 유교적인 전통이나 관습이 하나님의 교회에서도 나타나고 있었다. 이러한 한국인의 심리를 이용하여 등장한 현 사회구조를 "관료적 권위주의" 라고 한상진 교수는 정의한다. 만일 오늘의 교회에서 직분 이해가 관료적인 입장에서 이해되거나 계급의식적인 면에서 이해되고 있다면, 교회는 과감하게 성서적 직분 "이해"를 회복하기 위하여 모든 노력을 아끼지 말아야 할 것이다. 바른 성서적 직분 이해는 바른 성서적인 교회관에서만 가능하다.

"교회의 직제는 모두 직분을 뜻하는 것인데, 그 직분은 종류를 막론하고 하나님의 말씀을 지키며, 그 말씀을 위하여 봉사하는 것을 의미한다."[8] 그러므로 오늘날의 교회의 평신도들의 직분이 전문적인 분야가 아니라 할지라도 "집사, 권사, 장로라는 교회의 직분들은 결국 하나님의 말씀을 지키며 그 말씀을 위하여 봉사하는 직분"임을 바로 이해하여야 한다. 이러한 사실을 한스 큉은 다음과 같이 지적하였다.

"신약성서에 의하면, '백성'에 대립되는 사제직이란 이미 존재하지 않고 온 새 백성이 사제단이 되었는데도 불구하고 지난 수세기 동안에 사제라는 이름이 거의 공동체 지도자들에게만 보유되고, 일반 사제직은 있다고 해봐야 고작 기억에 남아 있는 정도에 그치게 되었다."[9]

한국교회 직분제도의 변천과정은 대개 초기, 중기, 근대 등 세 부분으로 나누어 이해할 수 있다. 우선 전반적으로 직제에 대한 정확한 자료가 부족하기 때문에 자세하게 언급할 수 없음을 알려둔다.

1) 초기 (초창기부터 1943년까지)

이 시기는 한국교회가 미국북감리교회와 남감리교회의 장정을 그대로 옮겼음을 지적하고 싶다. 1910년의 장정을 보면 영어 제목인 "The Doctrine and Discipline of the Methodist Episcopal Church"에 "감리교 대강령과 규칙"이라고 되어있다. 즉 감리교회의 조직에 있어서 미국감리교회와 같았음을 알 수 있다. 그래서 교역자 계열에는 감독, 감리사, 목사, 주제전도사, 권사로 되어 있다.

2) 중기 (1943년부터 1974년까지)

이 시기는 한국교회가 일본 정부에 의해 영향을 받는 시기다. 1943년부터 일본이 당시의 조선 기독교파들을 통합하여 하나의 "교단"으로 만들려는 노력을 하였는데, 결국 1945년 7월 19일 한국의 교회들은 "일본기독교 조선교단"이라는 명칭 아래 강제 통합의 역사를 경험하게 된다.

이 과정에서 한국감리교회는 장로교회의 장로제도를 자동적으로 접하게 되었고, 그것을 그대로 고수하는 상태에 이르렀다는 말이다. 이러한 시각에서 본다면, 장로제도는 장로교가 사용하는 제도를 감리교회에서 무단복제한 것이나 마찬가지다. 무단복제라는 말을 쓰는 이유는 감리교회가 선교 초기부터 걸어온 감독제에 대한 재고도 없이, 또는 장로제도가 교회론적으로 의미하는 것이 무엇인지 신학적 평가 없이 받아들였기 때문이다.

사실 1974년도 총회에서 장로 "안수제"를 채택하기까지는 감리교회의 장로제도는 이름만 바꾼 또 하나의 평신도 권위적 직분으로 등장한 것이다. 원래 장로교회에서 말하는 장로는 안수를 받음과 동시에 교회 내에서 "다스리는" 성직의 하나로 등장해 왔음을 알 수 있다.

3) 근대 (1974년 이후부터 지금까지)

이 시기는 일제 식민지의 한 잔재로서 해방과 더불어 한국감리교회에 등장한 "장로"제도가 독특한 역할이 없는 이름뿐이었다고 할 수 있다. 그러나 바로 이 공허한 직위의 장로제의 등장으로 인하여 한국감리교회는 수없이 많은 문제에 직면하게 되었다. 그 동안 명목만으로 존재하던 장로가 1974년 총회에서 "안수"까지 받도록 교회법안이 개정되고, 다른 한편으로, 감리교회에서 사용되던 종래의 유사, 탁사의 명칭이 "집사"라는 명칭으로 바뀌게 되었다. 1974년의 장정 개정위원회의는 각 분과별로 모이게 되었는데, 제2분과 위원회에서 취급된 교인과 본처 임원에 대한 개정안 보고는 간단했다: "장로 안수제를 채택한다. 속장제를 개편하여 집사제를 신설한다."는 것이었다.

3. 한인연합감리교회 직분제도의 변천과정

이민 초기의 교회들은 거의 감리교회에서 시작되었다. 하와이그리스도연합감리교회, 샌프란시스코한인연합감리교회, 나성한인연합감리교회는 대표적인 한인 이민교회의 초창기 교회들이다. 이러한 교회들은 대부분이 미국감리교회의 영향 아래 성장해 왔고 조직되었다. 따라서 미연합감리교회의 전통을 이어 그 행정구조 면에 있어서 "위원회제도" 아래서 반세기 이상을 자라왔다.

그러나 역사가 변하면서 한인감리교회도 1945년 이후에는 교회에 '장로'가 생기게 되었고, 1974년도에는 장로의 안수제와 집사제가 생기게 된 것에 영향을 받는다. 1965년 이후에 미국에 들어오기 시작한 이민자들의 수는 계속해서 늘어나면서 도처에 교회가 생기게 되었다. 이러한 자연발생적인 역사는 교회 내의 조직에도 영향을 미쳤다.

결국 "1976년 10월 17일 뉴욕에서 모인 재미한인연감감

리교회 총회에서는 한인교회의 특성을 살리는 한편, 모국
교회와의 유기적인 연속성을 유지하기 위하여 성품직제에
대한 연구회를 두어서 연구 사안을 다음 총회에 제출하기로
하였고, 1978년 총회에서는 연구위원회의 성품직제안을 접
수·통과하였다"고 보고하고 있다. 이때부터 미국에 있는 한
인연합감리교회는 한국식 직제제도와 미국식 제도를 다 같
이 인정하게 된다. 더구나 미국 땅에서는 교파를 초월하여
모이게 되므로 대부분의 사람들이 자신이 경험한 신앙의 삶
을 선호하게 된 것으로 보아야 한다.

직분에 대한 위와 같은 역사적 이해 가운데 우리는 우리
가 직면하고 있는 교회 직분에 접근해야 할 것이다. 교회에
서 직분을 세우는 원리는 무엇인가? 성서적으로, 역사적으
로 어떻게 유래되었는가? 그들의 사명은 무엇이었는가? 오
늘의 교회에서는 어떻게 섬길 것인가? 하는 것들을 우리는
겸손히 생각해야할 것이다. 여기서는 실제적인 직분의 책임
과 섬김의 자세에 초점을 맞추어 기술하고자 한다.

1. Hilary T. Hudson, *The Methodist Armor; Popular Exposition of the Doctrine, Peculiar, Usages, and Ecclesiastical Machinery of the Methodist Episcopal Church South.*

　　(Nashville, 1884) p.148 (여기서 Presiding Elder에 대하여 12개 교회 내지 2개 교회를 책임지는 사람이라 정의하였으므로 '감리사'로 번역하였음.)

2. Hilary T. Hudson, ibid., p.154
3. Hilary T. Hudson, ibid., p.154
4. P.A. Peterson, *History of the Revisions of the Methodist Episcopal South* (Nashville, 1989) pp.67-68
5. P.A. Peterson, ibid., p.68
6. P.A. Peterson, ibid., p.68
7. P.A. Peterson, ibid., pp.69-70
8. 이장식, ibid., *기독교사상* 1982년 11월호 p.27
9. Hans Kung, 이홍근 옮김 *"교회란 무엇인가?"* 1978. p.218

3장
직분 세움의 원리

교회에서의 직분의 필요성이 시작된 것은 멀게는 구약의 출애굽기 18장에서 언급되는 출애굽한 모세의 행정체계로 거슬러 올라가야 할 것이고, 신약시대로 본다면 사도행전 7장에 언급되는 초대교회 사도들의 사역과 직접적으로 연관되어 있다. 에베소서 4장 11절과 12절의 "그리스도의 몸을 세우려 하심이라"는 말씀들을 근거로 볼 때에 직분을 세우는 근본의 원리는 다음과 같다.

첫째로, 하나님은 시대마다 필요한 사람을 통하여 일하신다는 것이다. 하나님의 손과 발이 되고, 입이 되어 일할 사람들을 세우신다는 말씀이다. 예수님도 동역할 제자들을 부르시어 그의 사역을 감당하셨다.

둘째로, 인격적인 사람됨이 일보다 우선이라는 점이다. 모세에게 충고한 그의 장인 이드로는 모세의 역할을 분담하여 재판할 사람들을 선정함에 있어서 갖추어야할 자격을 분명히 제시하였다. 하나님의 사역을 위하여 일이 우선이 아니라 영적으로 준비된 인격적 사람이 중요한 것이다. 그러므로 하나님은 "사람의 중심을 보신다"고 하셨다. 예수님은 이것을 마태복음 7장 15절 이하에 좋은 나무에 비유하셨다. 좋은 나무가 되어야 좋은 열매를 맺는 것이다. 하나님은 성령 안에서 거듭난 심령을 쓰신다.

셋째로, 일의 분담의 원리다. 사역에 동역함의 원리다. 또한 그리스도의 몸을 세움의 원리다. 교회는 1인 10역보다 10인 10역이 중요한 것이다. 직분 세움의 원리가 바로 설 때에 하나님의 교회는 더욱 바로 서며, 안정되어 하나님의 사역을 잘 감당할 것이다. 이 원리에 의하여 교회의 모든 직분자가 세워져야할 것이며, 모든 직분자들은 청지기의 원리와 정신 위에 서야 한다.

1. 청지기의 원리

이 땅의 모든 그리스도인들이 하나님의 청지기로서 맡겨주신 삶을 잘 관리할 책임이 있다. 특히 교회에서 직분자를 선출할 때에는 청지기 원리에 충실해야할 것이다. 사도 바울은 모든 그리스도인들은 "그리스도의 일꾼"인 동시에 "하나님의 비밀을 맡은 자"임을 분명히 하였다.

1) 청지기는 하나님이 주인이심을 인정해야 한다. 천지가 다 하나님의 것임은 물론 나의 생명도, 소유도 하나님의 것임을 인정해야 한다. 에스겔서 18장 4절에 "모든 영혼이 다 내게 속한지라 아비의 영혼이 내게 속함 같이 그의 아들의 영혼도 내게 속하였나니" 라고 하셨다. 학개서 2장 8절에는 "은도 내 것이요 금도 내 것이니라 만군의 여호와의 말이니라"고 하셨다.

2) 직분자는 관리인임을 인정해야 한다. 창세기 1장 28절에 "하나님이 그들에게 복을 주시며 그들에게 이르시되 생육하고 번성하여 땅에 충만하라, 땅을 정복하라, 바다의 고기와 공중의 새와 땅에 움직이는 모든 생물을 다스리라"고 하셨다. 우리 인간에게 맡기신 것이다. 우리에게 자연뿐만 아니라 우리의 시간, 재능, 은사와 주님의 교회까지 맡기셨다. 우리는 하나님의 관리인이다.

3) 직분자는 하나님의 청지기임을 인정해야 한다. 우리는 하나님의 청지기로서 주인이신 하나님을 위하여 하나님의 것을 관리한다는 것을 명심해야 한다. 직분자는 청지기로서의 섬김을 통해 오직 하나님의 영광이 드러나도록 감당해야 한다.

2. 청지기의 정신

1) 하나님의 위탁권을 인정하는 것: 청지기 정신의 가장 근본은 하나님이 위탁하셨음을 인정하는 것이다. 마태복음 25장 14절에서 말씀하시기를 "어떤 사람이 타국에 갈 때 그 종들을 불러 자기의 소유를 맡김과 같으니"라고 하셨다. 무엇이든 하나님이 내게 위탁하신 것이다.

2) 하나님의 회수권을 인정하는 것: 그러므로 위탁되어진 것은 언제고 회수될 수도 있음을 알아야 한다. 하나님께서 위탁한 것이면 하나님이 필요하실 때에 회수하셔도 기쁘게 내어드려야 한다. 욥은 자신의 재산을 잃은 후 고백하기를 "주신 자도 여호와시요 취하신 자도 여호와시오니…" 라고 하였다.

3) 하나님의 사용권을 인정하는 것: 하나님의 위탁권을 인정하며 하나님의 사용권도 인정하는 것이 청지기 정신이다. 다윗은 성전 지을 건축 재료들을 기쁨으로 드렸고 (역대상 29:14-17), 모세는 성막을 지을 때 백성들이 헌물을 가져오도록 하였다 (출애굽기 25:1-9).

4) 하나님의 평가를 인정하는 것: 언젠가 하나님이 모든 것을 평가하실 때가 있음을 인정해야 한다.

3. 청지기의 영역

나에게 속한 모든 것이 하나님께로부터 온 것들이다. 몸, 시간, 재물, 은사 등 모든 것이 그 영역이다.

4장
집사직분에 대하여

1. 집사직분의 성서적 배경

집사 (deacon) 라는 말은 희랍어의 디아코노스(diakonos)
에 해당한다. 디아코노스는 원래 음식을 시종 드는 사람이나
주인의 종이란 단어로 사복음서에 등장한다 (요 2:5; 마
22:13 참조). 이 말이 교회 내에서 공식적 직분으로 사용된
것은 사도시대 이후이다. 신약성경은 이 직분에 대한 기원에
대해 직접적으로 밝히고 있지 않다. 그렇지만 일반적으로 사
도행전 6:1-4를 집사직의 출현의 배경으로 보고 있다. 사도
행전 6장의 말씀을 보면, 집사에 해당되는 "디아코노스" (봉
사자 혹은 종) 라는 말은 나와 있지 않지만 같은 어원의 뿌
리를 갖고 있는 명사 "디아코니아"(diakonia)와 동사 "디아코
네오"(diakoneo)가 나와 있다. 이 단어들은 가난한 과부들을
구제하는 것을 묘사하는데 사용되었다. 초대 예루살렘 교회
는 사도들을 중심으로 많은 신도들이 모이게 되었다. 그리하
여 사도들이 모든 사역을 감당할 수 없었고, 그들은 기도와
말씀 사역에 집중하기 위해서 구제 사역을 도울 수 있는 일
꾼들을 선출하게 되었다. 초대교회 지도자들은 성령과 지혜
가 충만하며 칭찬 듣는 사람 일곱을 뽑아서 교회를 섬기게
하였다. 그리고 뽑힌 사람들에게 사도들이 안수하여 직임을
위임하였다.

2. 집사직분의 역사적 배경

"집사"라는 말이 교회 내 직분의 명칭으로 사용된 때는
바울의 서신들이다. 대표적 사례는 빌립보서 1:1에서 찾을
수 있다 (딤전 3:8-13 참조). 바울은 빌립보서에서 수신자
들을 밝힐 때 모든 성도와 또는 "감독들과 집사들"이라고

하였다. 이외에 바울은 디아코노스 라는 단어를 자신의 복음의 동역자들인 디모데(살전 3:2)나 에바브라(골 1:7)를 칭하는데 사용하였다. 그뿐만 아니라, 자신의 사역이나 (고전 3:5), 그리스도의 사역 (롬15:8), 어떤 경우에는 세속의 권세자의 일(롬 13:4)을 기술할 때도 사용하고 있다. 이는 집사직분이 분명하게 세속적인 다른 일과 구분되지 않는 것을 보여준다. 초대교회의 여집사(deaconess)에 대해 암시해 주는 구절이 로마서에 등장한다. 사도 바울은 뵈뵈를 "교회의 일꾼"(혹은 "집사")으로 천거한다. 디모데후서에서도 집사들의 부인들 혹은 여집사들에 (딤전 3:11) 대해서 언급한다. 분명한 것은, 교회가 제도화되면서 교회 안에서 여집사의 직분이 대두되고 있다는 사실이다. 교회의 성장에 따라 교회 대내외적인 봉사로 구제, 재정, 관리 등 실무 일을 감당하였다.

3. 집사의 사명과 연합감리교회 내에서의 역할 제시

집사는 교회를 세우는 협력자이다. 초대교회의 집사는 구제 사역을 위해 세운 것처럼, 오늘날 감리교회에서의 집사의 역할 역시 성도의 필요를 채워주는 봉사 사역에 중점을 두고 있다. 임원회의 조직을 근거로 하여 볼 때 집사는 예배, 선교, 교육, 재무, 사회봉사, 건물 관리, 새신자 관리, 예배 등 전 사역에서 실무적 일을 담당하고 추진하는 역할을 감당한다. 건강한 교회는 이런 실무에서 집사들의 역할을 얼마나 잘 활용하느냐에 달려 있다고 할 수 있겠다. 따라서 집사들은 늘 자신의 역할을 인지하고 다른 사역자들과 화합하며, 함께 일하며 사역을 이루어갈 수 있도록 노력해야 할 것이다.

나가는 말

신약성경과 교회사를 통하여 연구된 바에 의하면, 교회 내의 직제는 어느 특권층만이 소유할 수 있고 지배할 수 있는 "신분"이나 "지위"는 결코 아니다. 단지 우리 주 그리스도의 사역, 즉 섬김의 사역을 실천하기 위하여, 하나님께서 교회라는 공동체를 통하여 각자에게 내리시는 "은사"(카리스마)이다. 즉 봉사(디아코니아)의 카리스마, 이것이 신약성서가 가르쳐 주고 있는 직제에 대한 기본 이해이다.

그런데 이와 같은 섬김의 은사로서의 직제는 교회가 커지고, 제도화되면서 점차로 3-4세기 이래로 계급 또는 위계질서로 변질되는 불행을 겪게 되었음을 알 수 있다. 그러나 그럼에도 불구하고 교회의 역사가 말해 주는 중요한 교훈은 교회가 결코 일방적으로 고정된 제도를 주장하지도 시행하지도 않았으며, 적어도 그 기본 의지에 있어서는 교회의 머리되시는 예수 그리스도의 사역에 보다 효율적으로 동참하려는 것이었다는 점을 명심해야 한다.

제Ⅱ부
성경

나구용 목사

집사 훈련 교재

들어가는 말

1. 왜 우리는 성경을 읽어야 하는가?

1) 우리는 성경이 "하나님의 말씀"이기 때문에 읽어야 한다. 성경은 우리에게 하나님을 나타내 주기 위하여 씌어진 책이다. 성경은 예수 그리스도를 통하여 우리에게 오신 하나님을 알게 하기 위하여 씌어진 책이다. 성경은 우리로 하여금 하나님을 알고, 하나님의 뜻에 따라 살 수 있도록 도와주기 위하여 씌어진 하나님의 말씀이다.

모든 사람들은 나름대로 자신이 가지고 살아가는 기준과 진리가 있다. 그러나 문제는 이 모든 사람들이 주장하고 있는 진리들이 상대적이라는 것이다. 내 생각에 맞는 것이라 할지라도, 그것이 절대적인 진리는 아니다. 모든 사람들이 준하여 살아야 하는 절대적인 진리가 아니라는 것이다.

그러나 하나님의 말씀인 성경은 절대적인 진리이다. 모든 인간이 듣고, 순종하며, 따라야 하는 절대적인 진리이다. 내 생각이 옳다고 하더라도, 그 생각이 하나님 말씀에 비추어 보아 틀렸다면, 나는 "나의 생각"을 고쳐야 한다. 그래야 이 땅에 하나님 나라가 임하는 것이다. 우리는 내가 통치하는 세상을 만드는 것이 아니라, 하나님께서 통치하시는 세상을 이루어 나가야 한다. 그러기 위해서 우리는 절대적 진리인 하나님의 말씀이 담긴 성경을 읽어야 한다.

나는 현대교회 교인들의 문제가 성경을 읽지 않는 것이라고 생각한다. 현대 교인들이 절대적인 진리인 하나님의 말씀을 마음에 담지 않고 신앙생활을 하고 있기 때문에, 성경은 성경대로 하나의 책으로 머물러 있고, 우리 각자는 우리가 마음이 드는 대로 생활하고 있다. 그래서 교회에서도 싸움이 일어나고, 분열이 일어나 세상의 본이 되지 못하고 있는 것이다. 하나님의 말씀이 다스리고 있는 곳이 하나님 나라인데, 교회가 하나님 나라가 되지 못하고 있는 것은 바로 성경을 읽지 않기 때문이다.

성경은 그냥 읽기만 하면 되는가? 그렇다. 우리는 성경을 계속 읽기만 하면 된다. 이해가 되든지 안 되든지 무조건 계속 읽으면 된다. 일용한 영의 양식을 위하여 무조건 계속 적당한 분량만큼 읽으면 된다. 그러다 보면 성령께서 하나님 말씀을 깨닫게 해주시는 때가 분명히 올 것이다. 왜냐하면, "하나님의 말씀은 살아 있고 활력이 있어 좌우에 날선 어떤 검보다도 예리하여 혼과 영과 및 관절과 골수를 찔러 쪼개기까지 하며 또 마음의 생각과 뜻을 판단"하기 때문이다 (히브리서 4:12). 성경은 살아 있는 하나님의 말씀이기 때문에 꼭 우리가 읽어야 하는 말씀이다.

2) 우리가 성경을 꼭 읽어야 하는 두 번째 이유는 "모든 성경은 하나님의 감동으로 된 것으로 교훈과 책망과 바르게 함과 의로 교육하기에 유익하니 이는 하나님의 사람으로 온전하게 하며 모든 선한 일을 행할 능력을 갖추게" 하기 때문이다 (디모데후서 3:16-17). 또 성경은 "믿음은 들음에서 나며 들음은 그리스도의 말씀으로 말미암았"기 때문에 우리가 읽어야 한다 (로마서 10:17).

성경은 하나님이 주신 말씀이기 때문에 읽어야 한다. 성경은 하나님께서 인간을 구원하기 위하여 주신 말씀이다. 성경은 우리가 본보기에 비추어 좇아 살아야 할 절대적인 하나님의 진리의 말씀이다. 성경은 살아 계신 하나님의 말씀이기 때문에, 우리의 인격을 변화시키기도 하고, 우리의 마음에 감동을 주기도 하고, 무엇보다 우리를 구원받게 하는 하나님의 지혜요 능력이다. 우리의 믿음은 말씀을 들음으로 생기는 것이기 때문에 우리는 성경을 읽어야 한다.

2. 왜 우리는 성경을 하나님의 말씀이라 하는가?

"모든 성경은 하나님의 감동으로 된 것"이기 때문에 하나님의 말씀이다 (디모데후서 3:16). 성경은 오랜 세월을 두고 많은 사람들에 의하여 씌어진 책이고, 또한 하나님의 영감으로 씌어진 책이다. "하나님의 감동으로 씌어졌다"는 말이 희랍어로는 한 단어이다. 그 희랍어 단어를 "세업니우스토스"라고 하는데, "하나님께서 숨을 넣으셨다"(God breathed)라는 뜻이다.

하나님께서 숨을 넣으셨다는 것을 다른 말로 표현한다면, 하나님께서 영감을 주셨다는 뜻이 된다. 베드로후서는 "먼저 알 것은 성경의 모든 예언은 사사로이 풀 것이 아니니 예언은 언제든지 사람의 뜻으로 낸 것이 아니요 오직 성령의 감동하심을 받은 사람들이 하나님께 받아 말한 것임이라"(베드로후서 1:20-21)고 말한다. 성경은 물론 사람들에 의하여 씌어졌다. 그러나 사람들이 인간의 뜻을 쓴 것이 아니라, 성령의 감동으로 하나님의 말씀을 쓴 것이다.

그러면 성경의 저자들이 성경을 써 내려갔을 때, 하나님께서 글자 하나하나를 불러 주셔서 사람이 받아쓴 것인가? 그렇지 않다. 하나님은 많은 사람들을 사용하셔서 시대에 따라, 특정한 나라와 민족을 택하셔서 인간을 향한 그의 뜻을 알리기를 원하셨다. 하나님께서는 히브리서 기자가 언급하였듯이 "선지자들을 통하여 여러 부분과 여러 모양으로 우리 조상들에게 말씀"하셨다 (히브리서 1:1). 오랜 시간을 통하여 여러 부분과 여러 모양으로 사람들을 통하여 수많은 책을 쓰게 하시고, 교회를 통하여 66권을 경전화시키신 것이다. 하나님께서는 인간의 역사를 통하여 세상에 자신을 나타내셨다.

성경은 1,000년 이상이라는 긴 세월을 통하여 여러 저자들에 의하여 씌어졌고, 또한 여러 사람들에 의하여 편집된

책이다. 성경은 결국에 66권으로 경전이 되어 더 이상 빼지도 못하고 더하지도 못하도록 교회를 통하여 결정이 내려진 책이다 (요한계시록 22:18-19). 이러한 과정은 다 하나님의 인도하심으로 이루어진 것이다. 비록 성경이 과거에 씌어졌고, 이제는 마감이 되어진 책이지만, 이 성경 속에는 살아서 움직이시는 하나님의 계시가 역사하고 계시며, 하나님의 살아 계신 영이 시간과 공간을 초월하여 능력으로 나타나고 있다. 그래서 성경을 하나님의 말씀이라고 하는 것이다.

성경은 단순히 종이 위에 씌어진 글씨가 아니다. 성경은 살아 계신 하나님의 영이 담겨 있는 말씀이다. 그래서 성경은 여러 나라 언어로 번역이 되어도 괜찮은 것이고, 현대 언어로 계속 새롭게 번역되어도 괜찮은 것이다. 성경은 글자 하나하나이기보다는 그 글자들 속에서 살아 움직이고 계시는 하나님의 나타나심을 보아야 하는 책이다. 이런 뜻에서 우리는 성경을 하나님의 말씀이라고 하는 것이다. 하나님께서는 지금도 성경을 통하여 우리에게 말씀하고 계시며, 성경을 통하여 하나님 자신을 나타내고 계신 것이다. 그러므로 우리가 성경을 통하여 알아야 할 것은 어떤 도덕적이고, 윤리적이며, 합리적인 이치가 아니라, 살아 계신 하나님을 알아야 한다. 우리 주 예수 그리스도 안에서 자신을 계시하신 하나님을 발견해야 한다.

지금은 고인이 되신 윤성범 박사님은 성경을 말구유로 비유하셨다. 예수님이 그 말구유 안에 계시다고 설명하셨다. 성경은 예수 그리스도 안에서 자신을 나타내신 하나님께서 살아 움직이고 계시는 집이다. 그래서 우리는 성경을 하나님의 말씀이라고 말한다. 그러한 이유 때문에 성경 안에 들어가면, 우리는 언제나 하나님의 말씀을 들을 수 있게 되는 것이다. "이러므로 우리가 하나님께 끊임없이 감사함은 너희가 우리에게 들은 바 하나님의 말씀을 받을 때에 사람의 말로 받지 아니하고 하나님의 말씀으로 받음이니 진실로 그러하도다 이 말씀이 또한 너희 믿는 자 가운데에서 역사하느니라" (데살로니가전서 2:13).

3. 우리가 성경을 어떻게 읽으면 도움이 되는가?

1) 우리가 성경을 읽을 때, 무엇보다 먼저 지금 나(우리)에게 주는 살아 있는 하나님의 말씀을 들으려는 자세로 읽어야 한다. 성경은 세상의 진리를 우리에게 가르쳐 주려는 책이 아니기 때문에, 우선 하나님이 누구이신지를 성경 속에서 발견하여야 한다. 그리고 성경은 하나님께서 당신 스스로를 우리에게 나타내 주시는 계시의 책이기 때문에, 우리는 무엇보다도 하나님을 발견하려고 성경을 읽어야 한다. 하나님이 어떤 분이신지를 알아야, 우리가 영원한 생명의 길을 걸으며 살 수 있기 때문이다. 성경을 읽는 것은 지식을 얻기 위함이 아니라, 우리가 영생의 삶을 체험하기 위하여 읽는 것이다.

우리가 하나님을 안다 함은 하나님을 만난다는 뜻이다. 하나님을 만나게 되면, 우리가 누구인지를 알게 된다. 다시 말해서, 하나님을 발견하면, 나 자신을 발견하게 된다. 내가 하나님께서 사랑하시는 자녀라는 사실을 알게 된다. 그 동안 내가 누구인지를 몰라 방황하였지만, 이제는 아버지의 품이 내 집인 것을 알고, 드디어 내가 나의 집으로 돌아오게 된다. 무조건적인 하나님의 사랑의 은혜 안에서 우리는 눈물을 흘리며 집으로 돌아오는 탕자가 되는 것이다.

2) 성경은 하나님께서 오랜 시간 동안 사람들을 만나 주시고, 사람들과 직접 관계를 맺으셨던 역사이기 때문에, 사람들이 살아 왔던 문화, 사회생활, 특징, 그리고 인간의 문

제와 질문들이 모두 담겨 있는 책이다. 그래서 우리는 씌어진 책의 역사와 문화적 배경들을 제대로 알아야 성경이 전하려고 하는 메시지를 제대로 이해할 수 있다. 성경이라고 하는 그릇 속에 담겨 있는 하나님의 말씀을 듣기 위해서 우리는 성경 시대의 문화와 관습과 독특한 문제를 파악해야 한다. 그래야 성경이 전해 주고 있는 하나님의 뜻을 깨닫게 되고 그 말씀을 통해서 은혜도 받고, 소망도 갖게 되며, 치유도 받고, 하나님의 비전도 보게 되며, 경종도 듣고, 도전도 받게 되는 것이다.

다시 말해서, 우리는 성경을 제대로 읽어야 한다는 말이다. 앞 장에서 나는 독자들에게 성경이 이해가 되든지 안 되든지 무조건 읽으면 된다고 말했다. 그 말은 사실이다. 왜냐하면 하나님의 말씀은 그 말씀 자체가 활력이 있기 때문이다. 그러나 여기에서 성경을 제대로 읽어야 한다는 뜻은 성경 시대의 독특한 문화와 언어와 관습을 잘 이해하면, 성경 가운데서 하나님의 말씀을 들을 수 있는데 큰 도움이 된다는 말이다.

4. 성경을 경전으로 정할 때 사용된 표준들은 무엇인가?

성경 66권은 1,000년 이상이라는 긴 세월을 통하여 씌어졌고, 40명 이상이나 되는 많은 사람들에 의하여 씌어졌다. 39권으로 구성된 구약은 주전 1500-400년 사이에 히브리어로 씌어졌고, 27권으로 구성된 신약은 주후 33-90년까지 코이네 희랍어로 씌어졌다. (Koine 희랍어는 한 지역에서 사용되던 지방언어였지만, 신약성경이 씌어지던 당시 전 국민이 사용하게 된 희랍어이다. 코이네 희랍어는 고전 희랍어와 많이 차이가 난다. 교육을 많이 받은 사람들은 대부분 고전 희랍어를 사용하였다.)

오랜 시간 동안 많은 사람들을 통하여 씌어진 66권의 책들 속에는 두 가지 중요한 내용으로 연결되어 있다. 그 중요한 내용의 첫째는, 하나님의 은혜를 세상에 가지고 오신 예수 그리스도에 초점을 두고 있다는 사실이다. 신약은 구약 안에 숨겨져 있고, 구약은 신약에서 나타나 있는 것이다. 구약은 메시아에 대한 예언이요, 신약은 그 성취인 것이다. 이렇게 신약과 구약은 하나님의 계시이신 예수 그리스도에게 초점을 두고 있는 것이다.

둘째로, 성경은 "…하늘로부터 보내신 성령을 힘입어 복음을 전하는 자들로 이제 너희에게 알린 것"이라는 점이다 (베드로전서 1:12). 성경은 우리 인간들을 위하여 계시한 하나님의 말씀이라는 점이다. 성령의 감동으로 기록된 하나님의 말씀이라고 인정하고 받아들인다는 점이다.

"경전"은 희랍어로 "kanon"(카논)이라고 하는데, 이 말을 "규범"(measure, 고린도후서 10:15), "규례"(rule, 갈라디아서 6:16), "표준"(standard, 빌립보 3:16)이라는 의미가 포함되어 있다. 경전이라는 용어는 기독교 신앙의 기준으로 성경 66권을 사용하기 위하여 쓰는 용어이다. 교회가 66권의 책을 믿음의 기준으로 삼기 위하여 경전으로 정할 때 다음과 같은 기준에서 책들을 선정하였다.

1) 사도적인 근거가 있어야 했다 (Apostolic Origin). 예수님의 12제자의 증언과 관계를 가지고 있어야 했다.

2) 여러 믿음의 공동체가 받아들인 책이어야 했다 (Universal Acceptance). 4세기 말경의 초대교회 시대에 존속하고 있었던 여러 중요한 기독교 믿음의 공동체들이 그들의 신앙의 규범으로 받아들인 책이어야 했다.

3) 신앙 의식에 사용되었던 내용들이어야 했다 (Liturgical Use). 초대교회에서 믿는 자들이 모여 함께 예배드리며 성만찬을 할 때 사용했던 내용들이어야 했다.

4) 이미 받아들인 내용과 일치하는 책들이어야 했다

(Consistent Message). 이미 받아들인 신앙의 가르침과 맞지 않는 내용이 담겨 있어서는 안 되었다. 교회를 세우고 교회에 가치가 있어야 했다.

구약은 모세오경을 경전으로 사용하여 오다가 주후 90년 얌니아 회의에서 현재 우리가 사용하는 구약 39권이 최종적으로 유대인을 위한 경전으로 채택되었고, 기독교는 주후 382년 로마 회의에서 현재 우리가 사용하는 구약과 신약을 모두 포함시켰으나, 397년 칼타고 회의에서 성경 66권을 최종적으로 기독교인을 위한 경전으로 확정지었다.

1장
성경의 시대적 배경과 문학적 배경

성경 66권이 다루고 있는 시대적 배경을 한 눈에 볼 수 있도록 45-46쪽에 요약해 놓은 그림을 참조하라. 여기에 적혀있는 연대들은 이 책들이 씌어진 연대를 말하는 것이 아니고, 성경의 책들이 언급하고 있는 시대를 말하고 있다. 그리고 이 연대들은 절대적인 연대가 아니다. 그 이유는 연대에 대한 여러 가지 설들이 있기 때문이다. 그래서 대략적인 연대를 나타내어 독자들의 이해를 도우려 한다.

1. 구약의 문학적 구분

●율법서 (모세오경): 창세기, 출애굽기, 레위기, 민수기, 신명기

창조부터 가나안 정복을 위하여 요단강을 건너기까지의 역사적 시대를 배경으로 하고 있으며, 하나님의 율법을 기록한다. 율법서는 하나님의 뜻이 계시되어 있다는 의미를 함축하고 있다.

●역사서: 여호수아, 사사기, 룻기, 사무엘상, 사무엘하, 열왕기상, 열왕기하, 역대상, 역대하, 에스라, 느헤미야, 에스더

요단강을 건너 가나안을 정복한 후 번영하다가 이스라엘과 유다 왕국의 포로생활을 거쳐 느헤미야에 의해 귀환하기 시작하는 때까지의 역사를 기록하고 있다.

●지혜 문학서: 욥기. 시편, 잠언, 전도서, 아가서

특별한 이스라엘의 역사를 다루고 있지는 않으며, 하나님을 섬기는 지혜를 가르치는 문학서이다.

●대선지서: 이사야, 예레미야, 예레미야애가, 에스겔, 다니엘

•**소선지서:** 호세아, 요엘, 아모서, 오바댜, 요나, 미가, 나훔, 하박국, 스바냐, 학개, 스가랴, 말라기

대선지자들과 소선지자들은 주전 700-400년경까지 활동한 선지자들이다, 그들은 이스라엘 백성들에게 하나님의 뜻을 전해주며, 구원을 위해 헌신한 자들이다.

선지자 말라기는 주전 401년에 예언활동을 마치면서 구약의 막을 내린다. 대선지자와 소선지자라는 호칭은 예언활동의 중요성에 때문에 생긴 호칭이 아니고, 예언서들이 사용된 두루마리의 크기에 따라 생겨난 호칭들이다.

2. 신약의 문학적 구분

•**복음서:** 마태복음, 마가복음, 누가복음, 요한복음

사복음서는 주후 60-90년 사이에 씌어진 책들로 예수님의 생애와 교훈을 그려 놓았다.

•**역사서:** 사도행전

주후 61년경에 씌어졌고, 초대교회의 역사를 기록해 놓았으며, 사도 바울의 선교 역사가 그려져 있다.

•**바울서신**

로마서 (55년경, 바울의 3차 전도여행 때 씌어짐)

고린도전서 (54년경, 바울의 3차 전도여행 때 씌어짐)

고린도후서 (55년경, 바울의 3차 전도여행 때 씌어짐)

갈라디아서 (49년경, 바울의 1차 전도여행 때 씌어짐)

에베소서 (60년경), 빌립보서 (61년경), 골로새서 (61년경)

데살로니가전서 (50-51년경, 2차 전도여행 때 씌어짐)

데살로니가후서 (50-51년경, 2차 전도여행 때 씌어짐)

디모데전서 (62년경), 디모데 후서(63년경)

디도서 (63년경), 빌레몬서 (64년경)

- **일반서신**

  히브리서 (60년경)

  야고보서 (40-50년경)

  베드로전서 (63년경)

  베드로후서 (64년경)

  요한 1, 2, 3서 (80-90년경), 유다서 (60-70년경)
- **묵시문학:** 요한계시록 (80-90년경)

시대와 문학형식으로 구분된 신·구약성경

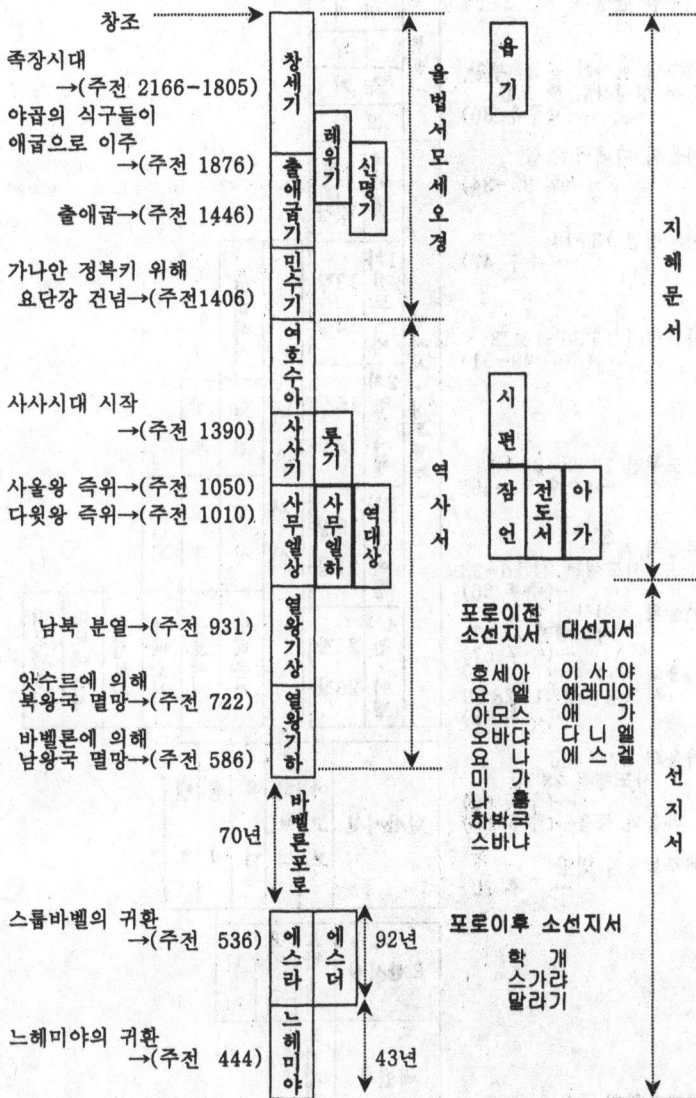

창조		
족장시대 →(주전 2166-1805)		
야곱의 식구들이 애굽으로 이주 →(주전 1876)		
출애굽→(주전 1446)		
가나안 정복키 위해 요단강 건넘→(주전1406)		

창세기 / 레위기 / 신명기 / 출애굽기 / 민수기 / 여호수아 / 사사기 / 룻기 / 사무엘상 / 사무엘하 / 역대상 / 열왕기상 / 열왕기하 / 에스라 / 에스더 / 느헤미야

율법서 모세오경

역사서

사사시대 시작 →(주전 1390)

사울왕 즉위→(주전 1050)
다윗왕 즉위→(주전 1010)

남북 분열→(주전 931)

앗수르에 의해
북왕국 멸망→(주전 722)

바벨론에 의해
남왕국 멸망→(주전 586)

바벨론포로

70년

스룹바벨의 귀환
→(주전 536)

92년

느헤미야의 귀환
→(주전 444)

43년

욥기

시편 / 잠언 / 전도서 / 아가

지혜문서

포로이전
소선지서

호세아
요엘
아모스
오바댜
요나
미가
나훔
하박국
스바냐

대선지서

이사야
예레미야
애가
다니엘
에스겔

선지서

포로이후 소선지서

학개
스가랴
말라기

신·구약 중간기 400년

예수님 탄생→(주전 3-5)

예수님 십자가 죽음, 부활,
승천 성령강림 행 2:1
→(주후 30)

바울의 다메섹 경험
→(주후 33-34)

사도행전 13-14
→(주후 47)

사도행전 15:36-18:22
→(주후 49-51)

사도행전 18:23-21:16
→(주후 52-56)

바울의 체포
　　사도행전 21:26-33
　　　　→(주후 56)
바울의 가이사랴 감금
　　사도행전 24:27
　　　　→(주후 57)
바울의 로마 여정
　　사도행전 27:1-28:29
　　　　→(주후 58)

바울의 로마 감금
　　사도행전 28:30
　　　　→(주후 60)
　바울의 죽음→(주후 68)

예루살렘의 멸망
　　　→(주후 70)

사도요한의 죽음
　　　→(주후 98)

복음서	마가	
	마태	
	누가	
	요한	

역사서·사도행전	교회형성	1장~12장	바울서신			
	1차전도여행	13장~14장		갈라디아서		
	2차전도여행	15장~18장		살전	살후	
	3차전도여행	19장~21장		고전	고후	로마서
	4차전도여행	23장~26장		빌레몬서	골로새서	에베소서 · 빌립보서 · 디모데전서 · 디모데후서

일반서신	야고보	히브리	유다	벧전	벧후

요한서신	요한1서	요한2서	요한3서
예언서	요한계시록		

2장
성경 각 권의 중심사상

1. 구약

●창세기
초점은 창조주이신 하나님과 그의 형상을 닮은 인간이다.

●출애굽기
애굽에서 종살이 하던 이스라엘 백성들이 구출받은 사건과 피로 구원받은 유월절 사건을 명시하고 있다.

●레위기
거룩하신 하나님을 경배하는 일의 지침이 될 율법을 기록하고 있다.

●민수기
구속 받은 하나님의 백성으로서 어떻게 하나님께 예배하고 봉사해야 할 것인가에 대하여 말하고 있다.

●신명기
하나님의 율법에 불순종하여 광야생활을 하던 1세들은 모두 죽고, 2세들이 약속의 땅 가나안으로 들어가기 전에 그들을 준비시키기 위하여 율법을 재교육시키는 내용이다.

●여호수아
이스라엘 백성들과 약속하셨던 대로 가나안 땅으로 그들을 인도하시는 하나님의 신실하심을 나타내고 있다.

●사사기
가나안에 정착한 새 세대는 자기들을 구원해 주신 하나님의 뜻을 떠나는 죄를 7번씩 반복한다. 그러나 하나님은 그들에게 은혜를 계속 베푸신다.

●룻기
이방인 룻이 하나님의 은혜로 구원받아 예수님의 계보를 이어 나가는 축복을 받게 된다.

•사무엘상

14명의 사사 중 맨 마지막 사사인 사무엘은 사울에게 기름을 부어 왕정을 처음으로 시작한다.

•사무엘하

다윗의 생애를 기록하고 있으며, 죄 값은 치러야 하고 회개하는 죄인을 용서하시는 하나님을 나타내고 있다.

•열왕기상

다윗의 위를 계승한 솔로몬의 일생과 통치 말년의 타락으로 인해 통일 왕국이 두 왕국으로 분열되고 만다.

•열왕기하

북왕국 이스라엘을 통치하던 19명의 왕들이 모두 하나님의 뜻을 떠난 악한 왕들이었기에 앗수르에 망하게 되었다. 그리고 남왕국은 19명의 왕 중 8명을 제외하고는 모두 하나님의 말씀에 불복종하여 바벨론에게 멸망당한다.

•에스라

바벨론 포로생활에서 귀환하여 성전을 복구한 후, 예배를 회복하여 백성들에게 새 소망을 주는 내용이다.

•느헤미야

느헤미야를 중심으로 예루살렘 성벽을 수축하고 레위인을 복직시켜 신앙생활을 부활시켰다.

•에스더

하나님의 이름이나 경배에 대하여 한 마디도 언급이 없지만, 이방 나라에서도 하나님의 손길이 역사하고 계심을 깨닫게 한다.

•욥기

고난을 통하여 하나님을 만나는 경험을 갖게 되는 욥을 보게 된다.

•시편

하나님 찬양과 간구와 감사의 기도의 시이며, 150편의 시편 중 75편이 다윗이 지은 것이다.

•잠언
하나님의 말씀대로 살아가는 것이 최고의 생활이고 지혜임을 전한다.

•전도서
하나님을 떠난 삶은 헛된 것임을 알린다.

•아가서
솔로몬과 술람미 여인과의 사랑의 노래로서 성도가 그리스도와 맺어야 할 사랑을 나타낸다.

•이사야
유다의 타락을 파헤치며 백성들로 하여금 하나님께 돌아가라고 이사야는 외치며 남은 자들만이 보전될 것이라고 선포한다.

•예레미야
타락한 유대가 바벨론에 의해 70년간 포로생활을 할 것과 그 후 다시 돌아오게 될 것을 예언하고 있다.

•예레미야애가
이 애가는 예레미야가 바벨론 포로생활을 하고 있는 백성들의 고난을 보고 슬퍼하며 쓴 글이다.

•에스겔
포로생활을 하고 있는 사람들에게 자신들의 죄 때문에 당하는 고통임을 상기시키며, 포로생활에서 회복될 때 참된 예배를 드리도록 교훈하고 있다.

•다니엘
여호와 하나님은 이방의 신들보다 우월하시며, 열방을 다스리시는 하나님이심을 보여주고 있다.

•호세아
패망의 길로 향하는 북왕국을 남편에게 정절을 지키지 않는 고멜로 상징했고, 범죄한 백성들을 용서하시는 하나님의 사랑을 나태내고 있다.

•요엘

메뚜기의 습격을 상징적으로 말하여 유다를 쳐들어오는 적군을 나타냈다. 하나님은 심판을 계획하시면서도 백성들이 돌아올 것을 기대하고 계신다.

•아모스

하나님은 백성들과 맺으신 언약에 신실하신 분이심을 알리어 하나님의 뜻을 성실히 지킬 것을 강조했다.

•오바댜

에돔의 멸망을 기록해 놓았다. 에서의 후손인 에돔은 그들의 형제인 야곱의 후손 유대 민족을 돕지 않고 오히려 적을 도와주었기에 멸망하고 말았다.

•요나

하나님은 유대인뿐 아니라 이방인을 구원하시기를 원하시는 분이심을 나타내고 있다.

•미가

하나님께서 유대 베들레헴에서 구세주가 태어날 것임을 예언한다.

•나훔

요나의 전도로 한때 회개하였던 니느웨 백성들이 100년 후 다시 죄악으로 멸망을 당하게 될 것을 예언한다.

•하박국

의인은 믿음으로 말미암아 살 것이라고 외친다.

•스바냐

유다가 바벨론에게 포로가 될 진노와 남은 자들을 통해서 이스라엘을 구원하실 것을 예언하고 있다.

•학개

포로에서 귀환하여 성전을 재건축하다가 중단된 것을 다시 재건하는데 전력을 다한다.

● 스가랴

포로에서 귀환한 후 시작된 성전개축이 외부의 방해로 중단되었을 때, 그 일을 완공시키면서 영적 부흥을 위한 확신을 불어넣어 준다.

● 말라기

성전을 재건했는데도 번영이 오질 않고 고통과 기근에 몰리자, 하나님을 의심하는 백성들에게 회개를 촉구하고 있다.

2. 신·구약 중간기 (주전 424-5년까지 약 400년간)

말라기 선지자로부터 세례 요한이 오기까지 약 400년간 선지자들의 활동이 없었던 기간을 신·구약 중간기라고 부른다. 이 기간 동안에 존재했던 강대국들은 앗수르, 바벨론, 바사 (페르시아) 제국들이었고, 예수 그리스도가 탄생한 때는 로마 제국이 세계를 지배하고 있었다.

이 중간기에 사마리아인이라는 혼혈민족이 생겨났으며, 흩어진 유대인들(디아스포라)이 생겨났으며, 유대교 안에 여러 분파들이 생겨났다. 귀족계급들인 사두개파, 율법주의자인 바리새파, 세상을 멀리하고 살던 에세네파, 정치행동적인 열심당원들이 있었다.

바리새인, 사두개인, 열심당원, 그리고 에세네파들은 모두 유다 왕국이 멸망한 후에 생긴 종교 단체들이다. 이들이 왜 예수님과 충돌이 많았었는지 알기 위해서 이들이 누구이고, 무엇을 하던 사람들인가 하는 것을 살펴보겠다.

◆ 바리새인

바리새인이라는 뜻은 "분리되었다"는 뜻으로, 거룩하다는 의미가 함축되어 있다. 바리새인들은 주전 2세기부터 주후 1세기까지 팔레스타인에 주로 살고 있던 영향력 있는 유대교 평신도들이었고, 예수님 당시 6천 명 정도의 바리새인들이 있었다. 그들은 유대 전통을 신성시 하던 사람들이었고,

사두개인들과는 달리 부활사상을 믿던 사람들이었다. 그들은 유대 사회를 위해서 율법 전통을 제정하고, 백성들로 하여금 그 율법을 실행하도록 이끄는 지도자들이었다. 바리새인들은 자신들이 율법을 정확하게 해석하는 권위를 가지고 있다고 주장한 사람들이었다. 그들은 유대교인으로서 가장 신실하고 엄격하게 살 수 있는 길을 모색하여 그 길을 사람들에게 가르쳤다. 그들이 특별히 강조한 것은 "종교 의식"과 "식량의 십일조"와 안식일을 엄격하게 지키는 것이었다. 이들은 희랍문화를 반대하였고, 또 희랍문화의 영향을 받지 못하도록 유대 율법을 고수하던 자들이었다.

그러므로 바리새인들은 예수님이 오셔서 성경을 새롭게 해석하셨기 때문에 예수님을 반대하였던 것이다. 예수님은 바리새인들이 자기들의 생각에 입각하여 자신들이 편한 대로 율법을 해석한다고 주장하셨기에, 그들은 언제나 예수님을 반대하는 역할을 담당했던 것이다.

◆사두개인

사두개인들은 바리새인들과 같이 주전 2세기부터 주후 1세기까지 존속했던 유대교의 한 종파이었다. 사두개인이라는 이름은 "의로운 자들"이라는 뜻이며, 사두개인들은 늘 바리새인들과 입장을 달리하던 사람들이었다. 그들은 바리새인들을 대항해서 서로 정권 다툼을 했던 귀족 계급층의 사람들이었다. 사두개인들은 대부분 제사장들이었고, 부유하였으며, 정치적인 힘이 많은 지도자들로서 산헤드린에서 많은 자리를 확보하고 있었다. 이들은 희랍문명을 받아들인 유대인들로서 영혼의 불멸을 믿지 않았으며, 부활도 믿지 않고, 운명론을 믿지 않고, 인간들의 자유의지를 주장했으며, 특별히 바리새인들의 모든 전통을 무시했다.

성경에서 사두개인들은 부활을 믿지 않았다고 기록되어 있다 (마가복음 12:18). 그리고 천사도, 영들도 믿지 않았

집사 훈련 교재

다 (사도행전 23:8). 그들의 철학이나 삶의 방법이 예수님께서 선포하시는 천국복음과 상치되었던 것이다. 그들은 인본주의적인 생각을 갖고 있었으며, 세상에서 권력을 유지하고 부유하게 사는 것에 관심이 많았다.

◆산헤드린 (공회)

산헤드린은 유대 사회의 지도자들로 구성된 그룹이었으며, 최고의 결정권을 가지고 있던 사람들이다. 산헤드린은 법정의 역할을 감당하였고, 종교와 사회 문제를 다루었으며, 논쟁이 되는 율법을 해석하는 일을 했다. 산헤드린은 정치와 종교 지도자들로서 구성되어 있었다. 이 공회는 71명으로 구성되어 있었으며, 성전에서 모였고, 대제사장이 회장이었다. 이 회는 주전 2세기부터 주후 2세기까지 존속하고 있었기 때문에 예수님 당시에도 엄연히 존재해 있었다. 예수님이 산헤드린 앞에서 심판을 받으셨을 때, 산헤드린의 구성원들의 대부분은 예수님을 유대 종교와 유대 사회를 도전하는 반항자로 보았다. 그들은 유대인의 습관과 법을 고수하려고 하는 것이 그들의 첫 관심사였다. 비록 로마의 식민지 생활을 하고는 있지만, 이 지도자들은 그런대로 자기들이 가지고 있는 권력을 즐기고 있었기 때문에, 사회에 도전하는 예수님은 그들의 눈에 위험한 사람이었던 것이다.

◆서기관

서기관들은 법이라든지 경제라든지 여러 분야의 이슈들을 읽을 수도 있고 쓸 줄도 아는 사람들이었다. 이들은 동서기 같은 사람들이었다. 법적인 문서를 쓰고 다루는 사람들이었다. 서기관들은 언제든지 예수님을 반대하던 사람들이었다 (마가복음 12:28-34). 그리고 신약성경 안에서 서기관들은 대제사장들과 장로들과 늘 함께 나타난다. 다시 말해서, 이들도 그 당시의 지도자들 가운데 한 부류의 사람들이었고, 소위 많이 배운 사람들이었다. 이들도 법을 공부하고, 법을 강조하는 유대 계급층의 한 부류였다.

성경   53

◆열심당원

열심당원은 주전 63년경에 생긴 종교 집단인데, 로마의 통치를 반대하던 유대인들이었다. 팔레스타인에서 일어난 국수주의자들이었다. 예수님의 열두 제자 가운데 시몬이 열심당원이었다.

◆헤롯당

헤롯당은 마가복음(3:6)과 마태복음(22:16)에서만 언급되고 있으며, 누가복음과 요한복음에는 언급되지 않았다. 이들도 늘 바리새인들과 함께 예수님을 반대하던 사람들이었다. 이들은 헤롯 안티파스의 법칙과 정책을 따르며 일하는 사람들이다. 이들은 "가이사(시저)에게 세금을 바쳐야 되는 것이냐 안 바쳐도 되는 것이냐" 하고 예수님을 넘어뜨리려고 시험했던 무리들이다 (마태복음 22:15-22).

◆에세네

에세네는 주전 2세기경에 생긴 유대교의 한 종파이다. 이 사람들은 주후 66-70년에 일어났던 로마와의 전쟁이 있기 전까지 존속하던 한 종파였다. 이들은 쿰란이라는 사막에서 살았고, 이스라엘의 독립투사인 마카비를 따랐던 핫시디 사람들이었다. 이 사람들은 여리고와 엔게디 사이에 있는 쿰란의 사해 주변 절벽에다 집을 짓고 살았던 사람들이다. 그들은 세상에서 떨어져 사막지대에 살면서 성경을 손으로 복사하는 일을 주로 하고 살았다. 이들은 세상을 등지고, 신앙을 지키며 살겠다고 사막에 자기들의 믿음의 공동체를 만들어 살았다.

3. 신약성경 각권의 중심 사상

●마태복음

유대인들을 대상으로 씌어진 책이기 때문에 예수님을 "왕"으로 묘사하면서, 율법의 완성자로 나타내고 있다.

●마가복음

"고난받는 여호와의 종"으로서 예수님을 소개하면서 로마 시대에 박해받는 교인들을 향하여 믿음에 굳게 서서 승리하라고 격려하고 있다.

●누가복음

"사람의 아들"로 예수님을 소개하면서 이방인들, 여인들, 그리고 약한 사람들을 염두에 두고 썼으며, 잃어버린 자들을 찾으시는 예수님을 나타내고 있다.

●요한복음

"하나님의 아들"로서의 예수님을 나타내며, 예수님의 신성을 철학적인 메시지로 설명하고 있다.

●사도행전

유대인들이 예루살렘을 중심하여 초대교회가 형성되었고, 바울의 전도를 통하여 사마리아, 소아시아, 유럽까지 교회가 확장되는 역사가 기록되어 있다.

●로마서

"모든 사람이 죄를 범하였으매 하나님의 영광에 이르지 못하더니 그리스도 예수 안에 있는 구속으로 말미암아 하나님의 은혜로 값없이 의롭다 하심을 얻은 자 되었느니라" (로마서 1:16-17)는 인간 구원의 도리를 설명하고 있다.

●고린도전서

세상적인 지혜를 자랑하고 있는 것과 도덕적으로 부패해 있으며, 신앙의 무질서를 책망하여 믿는 자로서 마땅히 행해야 할 윤리를 가르치고 있다.

●고린도후서

기독교인이 하여야 할 사역이 무엇인지 설명하고 있다.

●갈라디아서

구원은 행위에 의해서 이루어진다고 말하는 거짓 가르침을 쉽게 받아들이는 자들에게 믿음으로 구원받는다는 칭의의 교리를 강조하고 있다.

●에베소서

교회는 그리스도의 몸이요 성도들은 그 지체임을 말하여, 믿는 자는 그리스도 안에서 거하여야 한다는 교인의 위치를 설명하고 있다.

●빌립보서

그리스도 안에서 모든 일을 이루어 가야 한다는 믿는 자로서의 모습을 말해 주면서 어느 때 교회가 분열되고 연합되는가를 보여 주고 있다.

●골로새서

유대주의, 영지주의, 금욕주의 및 천사 숭배하는 이단사상을 배제하며, 오직 그리스도 안에서만 믿는 자들은 온전해짐을 가르치고 있다.

●데살로니가전서

주님의 재림에 대하여 설명하면서 마음대로 사는 이들을 경계하며, 영과 혼을 흠 없이 보전하다가 주님을 맞이하라고 가르친다.

●데살로니가후서

주님의 재림을 잘못 이해하여 현재의 삶을 중요시 하지 않고, 충실치 않으며, 들떠있는 사람들에게 경건한 삶을 사는 길이 주님을 맞을 준비라고 가르치고 있다.

●디모데전서

바울이 디모데에게 에베소의 사역을 맡겼다. 바울은 아직 원숙치 못한 젊은 디모데에게 목회 서신을 쓰고 있다.

●**디모데후서**

이단에 대한 경고와 사역자로서 진리에 확신을 가지고 인내와 용기로 충실하라고 권면하고 있다.

●**디도서**

유대교적인 성격이 강한 이단들의 영향에서 벗어나 바른 교리에 따라 올바른 행동을 하도록 가르친다.

●**빌레몬서**

빌레몬의 노예였던 오네시모가 돈을 훔치고 로마로 도망 갔었는데, 그는 바울을 만나 교인으로 변화되었다. 바울은 오네시모를 골로새 교회의 중요 인물이었던 빌레몬에게 돌려보내며 그를 용서하라는 편지의 내용이다.

●**히브리서**

그리스도는 어떤 제사장보다도 가장 높으신 분이심을 강조하고, 기독교의 우월성을 보여주면서 지금 당하고 있는 모든 고난을 잘 참고 견디라고 한다.

●**야고보서**

참 믿음의 증거로서 선행이 열매 맺혀야 한다고 선행의 중요성을 강조하며 믿음과 행함의 관계를 설명하고 있다.

●**베드로전서**

고난 가운데에서라도 하나님의 영광을 위하여 인내하며 기뻐하라고 한다.

●**베드로후서**

거짓 예언을 경고하며 주님 오시는 날의 확실함을 말하고 있다.

●**요한1서**

참 믿음과 성도 간의 교제의 관계를 썼다. 하나님과 올바른 관계를 가지며, 성도 간에 사랑으로 관계를 갖게 되는 것이다.

•요한2서

예수 그리스도가 육신으로 오지 않았다고 말하는 거짓 교사들을 받아들이지 말라고 경계하고 있다.

•요한3서

고린도 교인인 가이오에게 요한이 쓴 편지인데 교회에서 주의 종들을 배척하지 말고, 잘 받아들이라 권면하고 있다.

•유다서

거짓 교사들을 경계하고 있다. 예수 그리스도는 부인하면서 교회에 나오는 신앙이 없는 배교자들에 대한 심판을 엄히 내리고 있다.

•요한계시록

그리스도의 환상(1장)과 현재 일곱 교회(2—3장)에 대한 편지와 미래(4—22장)에 대한 계시를 기록하여 하나님 나라와 구원의 역사를 설명하고 있다.

기록된 시기에 따른 신약성경 27권의 순서

책이름	저자	기록된 시기	기록 장소	수신자
1. 갈라디아서	바울	49년 (1차 전도여행 중)	안디옥 (?시리아소재)	시리아 안디옥, 이고니온, 루스드라, 더베, 남갈라디아에 있는 교인들
2. 데살로니가전서	바울	50-51년 (2차 전도여행 중)	고린도	데살로니가 교인들
3. 데살로니가후서	바울	50-51년 (2차 전도여행 중)	고린도	데살로니가 교인들
4. 고린도전서	바울	54년 (3차 전도여행 중)	에베소	고린도 교인들
5. 고린도후서	바울	55년 (3차 전도여행 중)	마게도니아	고린도 교인들
6. 로마서	바울	55년 (3차 전도여행 중)	고린도	로마 교인들
7. 야고보서	야고보 (예수님 형제)	40 또는 50년	예루살렘 (?)	디아스포라 (유대 기독교인)
8. 마가복음	마가 요한	60년 초	로마	로마에 있는 비신자들 및 초신자
9. 빌레몬서	바울	60년	로마	빌레몬과 빌레몬 집에 있는 골로새 교인들
10. 골로새서	바울	60년	로마	골로새 교인들
11. 에베소서	바울	60년	로마	에베소 교인들
12. 누가복음	누가	60년	빌립보 지방 가이사랴 또는 로마	비기독교인인 로마 귀족과 이방인들
13. 사도행전	누가	61년	로마	비기독교인인 로마 귀족과 이방인들
14. 빌립보서	바울	61년	로마	빌립보 교인
15. 디모데전서	바울	62년	마게도니아	에베소에 있는 디모데
16. 디도서	바울	62년	니고볼리	그레데에 있는 디도
17. 디모데후서	바울	63년	로마	에베소에 있는 디모데
18. 베드로전서	바울	63년	로마	소아시아 기독교인들
19. 베드로후서	바울	63-64년	로마	소아시아 기독교인들
20. 마태복음	마태	60년대	시리아 안디옥 (?)	시리아에 있는 유대인 또는 팔레스타인에 사는 유대인들
21. 히브리서	미상 (아볼로, 누가, 바나바, 브리스길라?)	60년대	미상	로마나 예루살렘에 있는 유대 기독교인들
22. 유다서	유다 (예수님 동생)	60 또는 70년대	미상	기독교인들
23. 요한복음	요한	80 또는 90년	에베소	에베소 부근에 있는 기독교인과 비기독교인들
24. 요한 1서	요한	80 또는 90년	에베소	에베소에 있는 기독교인들
25. 요한 2서	요한	80 또는 90년	에베소	에베소 교회
26. 요한 3서	요한	80 또는 90년	에베소	에베소 근방의 가이오
27. 요한계시록	요한	80 또는 90년	밧모섬	소아시아의 7개 교회들

제Ⅲ부
교회

이성호 목사

집사 훈련 교재

A. 강의 요점

교회는 예수님을 구세주이자 주님으로 믿는 사람들이 모여서 예배드리고, 신앙 성장을 위해 친교하고, 양육하고, 세상을 섬기기 위해 구제, 봉사, 선교, 전도를 하는 곳이다. 그런데 많은 경우에 교회는 이러한 일에서 벗어나 다른 목적으로 모이고, 다른 일에 시간과 재원을 사용하는 경우가 많다. 이것을 밝히 보고 성경적인 교회의 모습으로 돌아갈 것을 생각해 보는 것이 이 부분의 목적이다.

B. 강의 내용

교회는 예수님을 구세주이자 주님으로 믿는 사람들이 모이는 곳이다.

교회에 나오게 된 동기에 대하여

교회 다니시는 분들에게 교회 나오게 된 동기를 물어 보면 다양한 대답이 나온다.
- 원래 교회 다니는 부모님들이 있는 집안에서 태어나서 어려서부터 다니게 된 것이 동기가 되었다.
- 어릴 때 교회에서 사탕을 준다고 해서 크리스마스 때 따라 간 것이 동기가 되었다.
- 미션 스쿨을 다녔는데 그때부터 다니게 된 것이 동기가 되었다.
- 중고등학교 때 좋아하던 이성 친구가 교회를 다녀서 그 친구 만나려고 다닌 것이 동기가 되었다.
- 배우자와 결혼하기 위해서는 교회를 다녀야 된다고 해서 교회를 다니는 동기가 되었다.

●사실 교회를 다녀야 사업하는데 도움이 된다고 생각한
 것이 동기가 되었다.
●한국말이라도 나누고, 음식이라도 나누려면 한국교회에
 다니는 것이 좋다고 생각한 것이 동기가 되었다.
●미국에서 자녀 교육시키는데 교회만큼 믿고 맡길 데도
 없다고 생각한 것이 동기가 되었다.
●우리 집안 식구가 개척한 교회니까 내가 나가 주어야
 한다고 생각한 것이 동기가 되었다.
●미국에서 처음 정착하는데 목사님과 사모님이 얼마나
 잘해주셨는지 다녀드려야 한다고 생각한 것이 동기가
 되었다.
●평소에 신세진 분들이 부흥회 때 꼭 한 번 가보자고
 한 것이 교회에 다니게 된 동기가 되었다.
●사장님이 교회 다녀야 한다고 하니까 눈치도 보이고 해서
 그냥 교회에 다니게 되었다.

　이 대답들이 잘못된 대답인가? 그렇지는 않다. 누구나 이
런 인간적인 이유들이 있어야 교회를 나오게 된다. 처음에
는 누구나 그렇게 나오게 된다.
　처음에는 누구나 그런 이유로 나오게 되지만, 계속 그런
이유로 다니면 곤란하다. 교회는 예수님을 구세주로, 또 주
님으로 믿는 사람들이 모이는 곳이기 때문이다.
　결혼식을 앞둔 예비 신랑신부에게 결혼하려는 이유를 물
어 보는데, "밥하기 힘들어서요, 방세 절약하려고요, 남들이
다하니까요" 등등의 이유를 대면 다들 농담으로 여긴다. 결
혼은 서로 믿고 사랑하니까 하는 것이고, 믿음과 사랑이 있
어야 유지되는 것이다. 처음 만남은 대학교 미팅에서 만날
수도 있고, 심부름 하다가 만날 수도 있고, 사람마다 사연이
가지가지겠지만, 결혼의 이유와 목적은 모든 사람에게 같은
것이다. 사랑과 믿음의 관계를 나누고 싶은 것이다.

교회   63

교회도 다니게 된 동기가 다양하겠지만, 교회를 계속 다니는 이유는 성경적이어야 한다. 성경을 보면, 예수님은 교회를 베드로의 신앙고백 위에 세우신다. 마태복음 16:13-20을 읽어 보자. 예수님은 제자들에게 사람들이 예수님을 누구라고 고백하느냐는 질문을 던지신다. 이 질문에 대해 어떤 사람들은 세례 요한, 어떤 사람들은 엘리야, 어떤 사람들은 예레미야나 선지자 중의 하나라고 대답한다. 이때 예수님은 제자들에게 같은 질문을 던지신다. 이때 제자 중에 베드로가 나서서 "예수님은 그리스도시며 살아 계신 하나님의 아들이시니이다" 라고 대답하였다. 예수님은 이 대답에 크게 기뻐하시면서 베드로를 축복하시고, 바로 그러한 신앙 고백 위에 교회를 세우시겠다고 약속하셨다 (마태복음 16:18).

그러므로 교회는 바로 이처럼 예수님을 그리스도시며 하나님의 아들이라고 믿는 믿음에 기초해서 세워진 것이다. 이러한 믿음을 신학적으로 정리해서 우리들은 예수님을 구세주이시며 동시에 주님이시라고 고백한다. 예수님을 구세주로 고백하기 때문에 우리들의 믿음은 다른 종교와 차별성이 있으며 (정체성의 문제), 예수님을 주님으로 고백하기 때문에 우리들은 다른 종교와 연합할 수 있다 (연대성의 문제).

1. 교회는 예수님을 구세주로 고백하는 곳이다

기독교와 다른 종교가 다른 것은 기독교는 타력종교(他力宗敎)인데, 다른 종교는 자력종교(自力宗敎)라는 말로 표현한다. 기독교는 인간의 구원은 인간 외부의 은총으로만 가능하다고 믿는데, 다른 종교는 인간의 구원은 인간 내부의 힘으로 가능하다고 믿는 것이 다르다는 뜻이다.

예를 들면, 불교는 팔정도(八正道)를 행하고, 적선(積善)을 하고, 수양을 쌓으면 윤회의 고리를 끊고 해탈하여 열반할 수 있다고 가르친다. 이슬람과 유대교는 히브리 성경과 선지자들이 가르친 율법을 지키고 순종하면 구원을 얻는다고 가르친다. 유교는 공자와 맹자를 중심으로 한 성현들의 가르침인 인의예지신(仁義禮智信)을 실천함으로 천륜과 인류이 확립된 세상을 만들 수 있다고 가르친다. 세계의 중요한 종교들은 인간이 스스로 노력하고 애를 써서 인간이 원치 않는 상태에서 벗어날 수 있다고 가르친다. 그러나 정직하게 자신을 성찰한 어떤 인간이 스스로 구원에 이르렀다고 할 수 있겠는가! 오직 자신은 스스로 구원을 이룰 수 있는 존재가 아니라는 고백에 이르렀다고 할 수 있을 뿐이다.

심지어는 종교가 아닌 다른 사상들도 인간의 노력으로 세상을 지상 낙원으로 만들 수 있다고 가르친다. 그 중의 대표적인 것 두 가지가 기술 문명을 믿고 진보적인 세계를 꿈꾸었던 인문주의운동과, 계급 없는 사회를 꿈꾸었던 공산주의운동이다.

산업혁명과 신대륙 발견, 항해술의 발달과 인쇄술의 발전, 다윈의 진화론에 힘입어 시작된 기술 문명의 진보와 과학적 세계관의 장밋빛 미래를 노래했던 인문주의는 세계 제1, 2차 대전이 만들어낸 지상의 지옥 앞에서 말을 잃고 말았다. 차라투스트라(Zarathustra)의 초인(Superman)을 노래하며 "신은 죽었다"던 니체(Nietzsche)나 그를 숭배했던 히틀러(Hitler)는 대량 살상과 인류에 대한 범죄의 주모자가 되어 한 사람은 정신병으로, 한 사람은 자살로 인생을 마감했다.

계급 없는 사회를 만들어서 능력에 따라 일하고, 필요에 따라 나누어 갖는다고 선전했던 공산주의운동은 공산당 일당 독재하의 비참한 인민의 생활을 견디지 못하고 무너지고, 그 과정에서 수많은 숙청과, 자아비판과, 계급혁명의 유산으로 갈등과 원한의 역사를 남겨 놓았다. 우리 한민족으로서는 더욱 가슴 아픈 것이 한반도가 둘로 나누어지는 비극을 남겨 놓은 것이다.

인간의 노력으로 인간이 원치 않는 상태에서 벗어날 수 있다고 가르친 세상의 사상들이나 종교들이 모두 실패하고 난 후에, 지상의 지옥과 같은 현실 앞에서 정신을 잃고 망연자실하게 서 있는 인류에게 다가와 은혜로 구원을 베푸시겠다고 하신 분이 예수님이시다. 스스로 자기 한 사람도 구원하지 못하면서 다른 이들까지 구원하겠다고 어리석게 나섰던 모든 이들에게까지 구원을 약속하신 분이 예수님이시다. 그러므로 교회는 이처럼 자신의 부족을 느끼고 하나님의 은혜를 간구하는 사람들이 예수님을 구세주, 나를 구원하시고 세상을 구원하실 분으로 고백하는 사람들이 나오는 곳이다.

지난번에 어떤 분과 대화를 나누게 되었다. 그분은 이제 교회를 다니기 시작하셨는데, "그 동안 자기 할 일 다 하다가 이제는 늙어지니까 천당이나 가려고 교회 다닌다고 사람들이 흉보는 것 같아서 교회 가기가 부끄럽다!"고 말씀하신다. 그래서 나는 이렇게 위로해 드렸다. "아닙니다, 할아버지! 사람들은 저분도 이제 나이가 드니가 지혜가 생기고 겸손해져서 자기 혼자 힘으로 모든 것을 할 수 없다는 것을 깨닫고 하나님에게 나오는구나! 하고 이야기 할 것입니다."

젊을 때는 자신이 올바른 언행을 하고, 생각을 하고, 태도를 가지고 적선을 쌓으면서 평생을 살면 남부끄럽지 않은 삶을 살았다고 생각할 수 있다. 그러나 나이가 들면서 자신을 돌아보면 자신의 선행이 절대자의 기준에 비추어 볼 때는 부끄럽기 짝이 없다는 고백이 나오게 된다. 젊어서는 정기적으로 금식을 하고, 십일조를 내고, 구제를 하고, 정기적으로 기도를 하고 교회에서 활동을 하면 훌륭한 신앙인이라고 자부할 수 있다. 그러나 나이가 들고 내면을 들여다보면 평생 신앙생활을 한 사람이나, 처음 믿은 사람이나 절대자의 기준에 비추어 한없이 모자란다고 고백하게 된다.

집사 훈련 교재

그러니 연세가 들어 교회에 나오는 것은 얌체처럼 천당에 무임승차 하려고 나오시는 것이 아니라 이제는 자신의 부족함을 절대자 앞에 고백하는 일이다. 자신이 평생 살면서 조금이라도 이웃에게 인정받을 면이 있다면, 그것은 하나님의 은혜라고 고백하는 것은 마치 공부를 열심히 하고도 선생님의 은혜라고 고백하는 학생, 부모님 공양을 성실히 하고도 자신은 불효자라고 고백하는 자녀, 국가를 위해 목숨을 바치면서도 자신은 충성을 다하지 못했노라고 고백하는 장수와 같다. 이렇게 말씀드리자, 그분은 "그러면 이제 괜한 걱정은 접고 가벼운 마음으로 교회를 다니겠다!"고 말한다.

2. 교회는 예수님을 주님으로 고백하는 곳이다

그렇다. 교회는 얌체나 뻔뻔스러운 사람들이 다니는 곳이 아니라, 자신이 평생을 그렇게 애를 쓰고 노력해도 부족한 것을 인정하는 사람들이 다니는 곳이다. (다른 종교에서 가르치듯이 내 수양이나 내 선행으로 모든 부족함이 다 채워질 수 있다고 믿는 사람들이 아니라) 그 부족함을 예수님이 채워주셔야만 구원받을 수 있음을 받아들이는 사람들이 다니는 곳이다.

예수님은 우리를 구원해 주셨다. 예수님의 구원사역은 일회적인 사역이시다. 즉 십자가에 달려 돌아가심으로 단번에 우리들의 과거와 현재와 미래의 죄를 다 대신 짊어지시고, 누구든지 예수님을 구세주로 인정하고 예수님께 나아오는 사람에게는 용서의 은총을 베풀어 주신다. 이러한 구원의 은혜는 반복되는 것이 아니다. 이것은 마치 한 번 결혼하고 나면 결혼을 다시 할 필요가 없는 것과 같다. 이것은 마치 아이가 한 번 출생하면 다시 출생할 필요가 없는 것과 같다.

그러나 출생한 아기는 계속 영양과 사랑과 교육을 받으면서 자라야 한다. 결혼식을 올리고 난 부부는 서로를 배워가면서 서로를 맞추어 가면서 부부가 되어 가야 한다. 마찬가지로 구원을 받은 성도들은 성도답게 날마다 자라가야 한다. 이때 예수님은 우리들의 주님이 되신다. 즉 우리들의 매일 매일의 삶의 주인이 되신다. 우리의 생각과 행동을 지배하는 주인이 되신다. 내가 무엇을 먹고, 무엇을 마시고, 무엇을 입고, 무슨 책을 보고, 무슨 대화를 하고, 무슨 생각을 하는지에 대해 간섭하시고, 인도하시고, 권면하시는 분이시다. 이것이 예수님이 주님이라는 말의 뜻이다.

즉 구세주로서의 예수님이 시간과 공간을 초월한 구원의 역사를 완성하셨다면, 주님으로서의 예수님은 시간과 공간 안에서 우리들이 하나님의 자녀답게 살아가도록 우리 삶을 완성해 가는 여정에 동행해 주신다. 예수님은 우리의 구세주이실 뿐만 아니라, 우리들의 주님이 되신다. 교회는 바로 이러한 고백을 하고 믿음을 가진 사람들의 모임이다.

주님은 우리들에게 거룩한 삶을 살도록 명하시기 때문에 예수님을 주님으로 모시고 사는 사람들의 삶의 모습은 다른 종교의 율법이나 계명을 지키는 사람들과 같은 모습을 할 수 있다. 어려운 사람들을 돕고, 희생과 헌신을 통해 공동체를 살리고, 자기 욕심을 버리고, 최선을 다해 더불어 사는 모습을 보이게 된다. 예수님을 주님으로 모시는 사람들은 어떤 종교의 계율에 충실한 사람들 못지않게 정의와 평화, 사랑과 진리를 실천하는 일에 관심을 기울인다. 여기에 다른 종교와 기독교가 손을 잡고 일을 할 수 있는 접촉점이 있다. 즉 우리들은 예수님을 구세주로 고백하지만, 다른 종교인들이 하는 선행 이상으로 선행에 관심과 노력을 기울이며 연대해서 인류의 평화와 정의를 위해 일을 하는 것이다.

3. 교회는 모여서 예배드리고, 신앙 성장을 위해 서로 친교하고, 양육하고, 세상을 섬기기 위해 구제, 봉사, 선교, 전도를 하는 곳이다

교회는 예수님을 구세주이자 주님으로 고백하는 사람들이 모여서 예배드리는 곳이다. 교회는 무엇보다도 예배를 드리는 곳이다. 예배는 하나님을 하나님으로 인정하고, 우리의 모든 것을 하나님께 드리는 행위이다. 그래서 교회를 나오면 다른 일들도 하지만 먼저 예배를 드리는 것이 중요하다.

예배를 드리는 데에는 여러 가지 형식도 있고 절차도 있다. 분위기도 경건한 예배가 있고 흥겨운 예배가 있을 수 있다. 그러나 어떤 예배에도 다 공통되는 기본적인 요소들이 있다.

1) 먼저 하나님 앞에 나아오는 시간이 있다.

하나님 앞에 나아오는 시간은 그 전날부터 시작된다. 그 전날 예배를 가기 위해서 옷을 준비하고, 마음을 준비하고, 하나님 앞에 드릴 예물을 준비하고, 다른 모임이나 오락을 삼가고 일찍 잠자리에 든다. 예배드리는 날이 되면, 예배 시작 전에 미리 가서 다른 성도들과 서로 신앙 안에서 인사를 나누고, 혹시 마음에 불편한 일이 있는 사람들과는 미리 이야기를 해서 풀고, 예배에 들어가야 한다. 예배 시작 전에 예배당에 들어가 예배 때 받을 은혜를 기대하면서 기도하고 마음을 준비한다. 교회에 따라서 이 시간에 찬양을 하는 교회도 있고, 조용히 기도하도록 권하는 교회도 있다. 묵도로 시작하는 교회도 있고, 찬양으로 시작하는 교회도 있다. 입례를 하는 교회도 있고, 초를 켜는 교회도 있다. 예배에의 부름을 듣고 찬양과 경배를 드리며 신앙고백을 하면서 하나님 앞에 나아간다.

2) 하나님 앞에 죄를 고백하고 용서를 확인하는 시간이 있다.

거룩하신 하나님 앞에 피조물인 인간이 나아갈 때에는 모든 죄를 씻지 않고는 하나님 앞에 나아갈 수가 없다. 회중을 대표해서 목회자나 성도님이 기도를 할 때 회개기도를 하고, 하나님의 은총을 구하는 기도를 하는 것은 그래서이다. 이 기도를 들으시고 용서를 약속하신 하나님은 약속하신 대로 용서해 주신다. 그러한 용서받은 감격을 찬양으로 표현할 수 있다.

3) 하나님께서 우리에게 다가오시는 시간이 있다.

회개하고 용서받은 죄인에게 복음으로 나아오시는 하나님은 말씀 선포와 성찬식을 통해서 만날 수 있다. 이러한 하나님께 우리들의 합당한 응답은 찬양과 경배이다. 아멘으로 마음을 열고 말씀을 받고, 찬양으로 하나님을 높여드리는 것이다.

4) 마지막으로 우리들이 하나님 앞에 물질을 드리고, 우리의 결단을 표현하는 시간이 있다.

하나님이 우리 인생의 주인이시고, 우리 삶의 통치자 되시며, 우리들의 창조주 되심을 고백하는 의미에서 우리 수입의 십분의 일을 드리고, 감사예물을 드리고, 선교에 동참하는 뜻으로 선교의 예물을 드린다. 그리고 우리들이 섬길 수 있는 분야를 찾아서 하나님 앞에서 재능을 드리고 각오를 드린다. 이러한 우리들의 결단을 찬송으로 표현하기도 하고, 문장으로 표현하기도 하고, 하나님은 축복하여 우리들을 세상으로 파송하신다.

위의 네 가지 요소는 어떤 예배에든지 들어가 있다. 어떤 순서를 길게 하고 짧게 할 수 있고, 더 많은 찬양을 넣을 수도 있고, 형식을 간소하게 할 수도 있지만, 이 요소는 다 들어간다.

집사 훈련 교재

교회에서는 주일에 예배를 드리지만, 다른 날에도 예배를 드릴 수 있다. 사실 예배는 날마다 드리는 것이며, 우리들의 삶 전체가 예배가 되는 것이 성경적이다. 늘 하나님 앞에 나아가는 자세로 살고, 하나님이 원치 않는 죄를 지었을 때 바로 바로 회개하며, 하나님이 주시는 은혜와 축복 가운데서 평안과 기쁨을 누리고, 하나님이 원하시는 일들을 하기로 결심하고 재능과 물질을 드려 그 일을 감당하는 삶이 성도의 삶이다. 교회는 이처럼 삶을 예배로 드리는 성도들의 모임이다.

어떤 사람들은 교회가 예배당만 크게 짓고, 예배를 위한 시설에 너무 많은 교회 재정을 사용한다고 비판한다. 그러면서 주변의 가난한 이웃들을 돌보는 일에 더 많은 재정을 사용해야 한다고 제안한다. 그러한 제안에도 일리가 있지만, 그런 제안이 교회의 우선순위를 바꾸는 것이 되지 않도록 조심해야 한다. 예를 들어, 병원이 수입의 대부분을 병원 시설을 확충하고 보다 나은 의료 설비를 들여오고, 보다 실력 있는 의사들을 채용하는데 사용하지 않고 주변의 어려운 사람들 구제에 사용한다고 하면, 그 병원은 우선순위를 잘못 정한 것이다. 대학이 수입의 대부분을 연구와 교육에 사용하지 않고 구제 사업에 힘쓴다면 그 대학도 우선순위를 잘못 정하는 것이다.

사회사업을 우선순위 0번으로 두는 기관들이 있다. 사회복지 기관들, 비영리 단체들, 그리고 정부의 부서들이다. 그런 곳에서는 예배를 드리는데 거의 예산을 사용하지 않는다. 아니, 특정 종교의 예배를 드린다고 하면 국민의 세금으로 받는 보조금 지급 대상에서 오히려 제외된다. 그러므로 가난한 사람들과 사회적인 약자들을 돌보는 일차적인 책임은 국민들의 세금으로 그들을 위한 정책을 세우고 일을 해야 하는 정부와 공공 기관에 있다. 그리고 비영리 단체들과 사회복지 기관들이 그런 일에 전념한다. 교회는 그런 일에 협력하고 동반자로 일을 하지만, 그것이 우선순위가 되는 곳은 아니다. 예배가 우선순위인 곳이 교회이다.

물론 교회는 이런 기관들과 협력하여 일을 한다. 어떤 의미에서는 이런 기관들에게 올바른 방향을 제시하고, 모범을 보이고, 영적으로 안내하는 중요한 사명을 감당한다. 그러나 이러한 간접적인 중요한 영향력을 행사하기 위해서 예배가 제대로 드려지는 것이 꼭 필요하다. 교회는 예배를 통해서 예배에 참석한 성도님들이 하나님의 뜻에 따라 사회복지와 공공 정책을 집행하도록 도와준다. 정부 지도자들과 사회 지도층의 인사들이 하나님의 뜻을 분별하도록 도와준다. 그러므로 교회의 공헌을 교회가 직접 내놓은 물질의 액수만 가지고 평가하는 것은 부모님이 자식을 키우는 데 들인 사랑을 계량화하는 것처럼 어리석은 일이다.

교회가 사회에 더 관심을 가지라는 권면은 지당하고 옳은 말이지만, 관심을 표현하는 방법은 공공 기관이나 사회복지 기관과 달라야 한다. 교회는 예배를 통해서 사회적인 약자들이 은혜를 체험하고 새 힘을 얻고, 자살을 결심했던 사람들이 새롭게 살 힘을 얻도록 도와준다. 깨어졌던 가정이 다시 하나가 되어 생산적이고 기쁨이 넘치는 삶의 보금자리가 되게 도와준다. 이런 중요한 일을 수량화하거나 피상적으로 교회가 자체 모임과 예배에만 재원들 다 쓴다고 비판하는 것은 의사에게 환자들 가정을 도와주지 않고 치료에만 전념한다고 비판하는 것과 같다.

물론 어떤 의사가 치료를 잘하면서 환자의 가정 형편까지 도와주면 금상첨화이다. 그러나 만약에 시간과 재원이 제한되어 있는 현실에서 우선순위를 정해야 한다면, 교회는 예배가 우선되는 곳이라는 말씀이다. 예배와 삶을 분리하는 태도는 성경적이 아니다. 우리의 모든 삶을 예배드리는 마음으로 살아야 하는 것이 성경의 가르침이다. 그러나 성경은 또한 우리들에게 따로 시간과 장소를 정해서 하나님 앞에 나아와 하나님 앞에 자신을 드리고 하나님의 은혜를 받고 결단하는 특별한 만남의 경험을 하라고 가르치고 있다. 마치 늘 부모님을 사랑하고 존경하는 마음이 있어도 특별히 따로 시간을 내서 찾아뵙고 인사드리는 것이 자식의 도리인 것과 같다. 늘 서로 사랑하는 것이 부부의 마음이지만, 부부만의 시간과 장소를 따로 가지고 사랑을 표현하는 것이 부부 간의 관계인 것과 같다.

그러므로 교회제도를 부정하는 무교회주의는 성경적이 아니다. 교회 건물이 필요 없다고 하는 것도 실제적이 아니다. 학생이 버스 안에서나 커피숍에서나, 어디서나 공부할 수 있지만, 학교를 지어 놓고 수업시간을 정해 놓는 것이 많은 학생들에게 효과적인 공부 방법인 것과 같다. 특별한 생각과 능력을 가진 사람들이 예외적으로 성공한 일들을 가지고 일반화하거나 이상적인 모습을 현실화하는 것은 지상의 교회를 위축시키는 의도하지 않았던 결과를 초래할 것이다.

4. 교회는 신앙 성장을 위해 친교하는 곳이다

예배가 하나님과의 만남을 통한 하나님과의 관계 회복의 시간이라면, 친교는 다른 성도님들과의 만남을 통해 성도의 정체성과 사명을 회복하는 시간이다. 예수님은 두세 사람이 모인 곳에 주님도 함께 하신다고 약속하셨다. 교회는 혼자 하나님을 만나는 곳이 아니라, 모여서 하나님께 예배드리는 곳이며, 모여서 서로의 신앙을 격려하는 곳이다.

1) 교회는 친교하면서 성도의 정체성을 회복한다.

교회에서의 친교는 서로 좋은 시간을 갖는 것으로 그치는 모임이 아니다. 교회의 친교는 뚜렷한 목적이 있는데, 첫째는 성도의 정체성을 회복하는 것이다.

성경은 교회를 그리스도의 몸이라고 표현하기도 하면서 성도들은 그 몸의 지체라고 표현한다. 몸의 지체는 어느 것 하나도 있어도 그만, 없어도 그만인 지체가 없다. 모든 지체가 다 필요하고 서로에게 도움이 된다. 그 중의 하나가 없어도 몸이 전체적으로 생명을 유지하기는 하겠지만, 제대로 기능을 하는데 많은 어려움을 극복해야 하는 것처럼, 교회의 모든 성도가 다 중요하다. 친교는 바로 이처럼 각 성도가 우리 교회에 꼭 필요하고 중요한 사람이라는 것을 확인하는 시간이다. 나는 너에게, 너는 나에게 꼭 필요한 존재이며, 우리 모두는 주님에게 꼭 필요한 존재라는 확인과 함께 감격이 있게 된다.

성경은 또한 교회를 성전이라고 표현하면서 성도들을 그 성전의 벽돌이라고 표현한다. 예수님을 모퉁이 돌로 기준을 삼고, 각 성도가 연결되어 성전을 지어가고 있는 중이라고 표현한다. 성도 한 사람이 빠지면, 건물이 연결이 되지 않고, 바람이 새고, 물이 새고, 도둑이 들고, 모든 재난을 예상할 수 있다. 그래서 교회의 친교를 통해서 각자가 소중한 존재라는 정체성 확인이 된다.

매주일 모여서 빠진 사람이 있으면 점검하는 것이 필요하다. 교회마다 교우위원회를 두고, 성도들의 근황을 점검하는 것은 그래서이다. 유고나 질병이 있을 때 서로 알아내서 심방을 가고, 그분을 위해서 기도해 주는 것이다. 성도들에게 기쁜 일이 있으면 서로 소식을 나누고 함께 기뻐하는 것이다. 미국에서는 아파트에 혼자 사시는 분들이 돌아가셔도 며칠이 지나도록 돌보는 사람이 없다가 나중에 시신이 썩는 냄새가 나서야 관리인이 알아보는 경우도 있다. 그러나 교회는 새로운 사람이 오면 바로 알아본다. 다니던 교인이 빠지면 바로 알아보고, 무슨 일이 있는지 확인하고 연락한다. 기쁘거나 슬픈 일이 있으면 함께 기뻐하고 슬퍼한다. 이런 과정을 통해서 우리들이 서로에게 꼭 필요한 존재들이라는 사실을 확인하는 것이다.

2) 교회는 친교하면서 사명을 회복한다.

교회에서 우리 한 사람 한 사람이 꼭 필요한 이유는 우리들이 감당해야 할 일이 있기 때문이다. 몸의 각 지체는 머리에서 내리는 명령을 수행하기 위해 서로 협력한다. 성전의 벽돌들은 성전이 제 모습을 갖추고 제 기능을 하기 위해서 제 자리를 지키는 것이다. 그래서 상처 난 지체는 치유받아야 하고, 부서진 벽돌은 새롭게 만들어져야 한다. 즉 성도 간의 친교는 무조건 좋다 하는 것이 아니라, 자신들의 죄를 고백하고, 회개하고, 용서를 경험하고, 자신만이 가진 은사를 발견해서 사명을 감당하도록 격려하는 과정이다.

교회 안에서는 죄의 고백과 회개가 있어야 한다. 물론 죄를 고백한 것이 사람들 사이에 이야기 거리가 되고 나쁜 소문이 난다면 죄를 고백할 사람이 없을 것이다. 가톨릭교회에서처럼 신부님에게만 죄를 고백하는 고해성사를 할 수밖에 없을 것이다. 그렇기 때문에 성도 간의 친교에서는 서로 신뢰관계를 유지하는 것이 중요하다. 물론 하나님 앞에 혼자 회개하고 다짐하는 것도 좋지만, 서로 신뢰할 수 있고, 신앙적으로 믿을 수 있는 사람들 사이에서 자신의 죄를 고백하고, 특히 죄의 결과로 고통당하는 사람에게 직접 회개하는 것은 중요하다. 교회 안에서의 소그룹은 이러한 신뢰의 관계가 유지될 수 있도록 지도자들이 기도하고, 모든 관계된 성도들이 입술을 지키는 것이 중요하다. 그리고 하나님이 용서하여 주셨지만, 사람들이 서로 용납하는 것을 통해 용서를 경험하는 것도 중요하다.

이렇게 회복된 지체는 회복의 원래 목적대로 은사를 발견해서 사명을 감당해야 한다. 교회는 친교를 통해서 어떤 성도에게 어떤 은사가 있는지를 발견해 준다. 물론 은사 발견 테스트와 같이 공식적이고 합리적인 도구를 사용해서 성도들의 은사를 발견할 수도 있다. 그러나 소그룹에서 친교를 통해서 다른 사람들이 은사를 발견해 주는 것도 좋은 방법이다. 그렇게 해서 발견된 은사는 그 은사가 가장 잘 사용될 수 있는 사명으로 연결되어야 하는데 봉사하지 않고서는 신앙이 성장하지 않기 때문이다.

예배 때 받은 은혜와 감격은 사명을 감당하면서 열매를 맺는다. 그리고 사명을 감당하다가 시험이 들거나 유혹을 받을 때, 성도의 친교는 그것을 이겨 나갈 힘을 준다. 한 번 사명을 발견하도록 도와주는 것으로 끝나는 것이 아니라, 그 사명을 지속적으로 감당할 수 있도록 지혜와 도움과 기도를 나누어 주는 것이 성도의 친교이다.

교회의 속회라고 이름을 걸어 놓고 모여서 서로 밥 먹고, 술도 마시고, 세상의 정치 경제 이야기에 빠져서 평론하고, 자기들의 업적이나 성취를 자랑하는 모임을 만든다면, 그것은 성도의 친교는 아니다. 이민생활에서 나그네로서 겪는 고생을 달래기 위한 모임에 불과하다. 누가 부동산으로 얼마를 벌었고, 자녀들이 어떤 대학에 갔는데 무엇을 했고 하는 대화는 굳이 교회에서 성도의 친교시간이 아니라도 할 수 있다.

5. 교회는 신앙 성장을 위해 성도들을 양육하는 곳이다

교회에서 예배를 통해서 하나님을 만나고 하나님과의 관계를 회복한 후에, 성도들과의 친교를 통해서 자신의 정체성을 확인하고, 사명을 발견하고 감당할 때 필요한 것이 계속적인 훈련이다. 이 훈련은 지상에서의 신앙생활을 마칠 때까지 계속되는 것이다.

사람이 자연인으로 태어나서 예수님과 아무런 상관이 없을 때, 우리들은 이런 사람을 불신자라고 부른다. 불신자들도 세상을 잘 살아 간다. 출세도 하고 성공도 한다. 그러나 신앙적인 입장에서는 이런 출세와 성공과 행복을 헛되고 헛

된 것이라고 선언한다. 이것을 깨닫고 무엇인가 의미와 보람을 찾으려고 몸부림칠 때 세상의 종교와 철학과 사상들이 접근을 한다. 나름대로 길을 제시하고 답을 제시한다. 그래서 이 중의 어떤 길을 따라 가다가 산 중턱에 이르기도 하고 약수터에 이르기도 한다. 거기서 만족을 하기도 한다. 그러나 어떤 사람들은 산의 정상에 도달하고 싶어 한다. 중턱이나 약수터에서는 만족을 얻지 못한다. 그래서 애를 써 보지만, 이미 잘못 든 길은 거기서 끝이 나고 만다. 더 이상의 길을 제시하지 못한다. 결국 다시 내려와서 정상에 이르는 다른 길을 찾아야 한다. 모든 길이 정상에 이른다는 환상을 가졌지만 코스마다 종착점이 다르게 표시되어 있다는 것을 몰랐던 것이다.

양복점에서는 양복을 팔지 국밥을 팔지 않는다. 반면에 식당에서는 국밥을 팔지 양복을 팔지 않는다. 각각 원하는 종착점이 있다면, 거기에 맞는 종교를 찾을 일이다. 불교는 해탈을 약속하고, 유교는 군자의 도리를 약속하고, 이슬람은 보상을 약속하지만, 기독교는 구원을 약속한다. 하나님과의 관계 회복을 약속하는 것이다. 각 종교는 자신의 약속에 충실하여 기독교를 믿는 사람은 하나님과의 관계가 회복되는 구원에 이르지만, 다른 종교를 믿는 사람들은 해탈을 하기도 하고, 군자가 되기도 하고, 보상을 받기도 할 것이다. 그러나 구원은 기독교에만 있다.

교회에서는 이 단계에 있는 분들에게 구원의 확신과 사영리(四靈理)를 가르친다. "사영리"는 네 가지 영적 원리라는 뜻이다.

첫째 원리: 모든 인간은 죄를 지어 하나님과의 관계가 끊어진 상태에 있다.

둘째 원리: 이 관계를 회복하기 위해 모든 종교적인 계율을 지키고, 가르침을 따르고, 선행과 노력과 학문을 쌓아도 회복이 되지 않는다.

교회

셋째 원리: 예수님께서 하나님이시면서 인간의 육신을 입고 내려 오셔서 십자가에 대속의 제물로 죽으시고 삼 일만에 부활하셔서 이 관계 회복의 길을 열어 놓으셨다.

넷째 원리: 이 사실을 믿고 받아들이는 사람들은 구원받아 하나님과의 관계가 회복되고 영원한 생명을 얻어 주님과 함께 세상을 통치한다.

이 영적 원리를 받아들이고 예수님을 믿기로 한 사람들은 불신자에서 신자로 신분이 변화된다. 이러한 신분의 변화를 공적으로 확인하는 과정이 세례 예식이다. 예수님의 십자가의 공로를 믿고, 내가 하나님의 사랑을 받기에 합당한 사람으로 여겨짐을 받은 것을 믿고, 하나님께 감사와 찬양을 돌리는 삶을 살기로 교회 앞에서 공개적으로 선언하고 하나님의 은혜를 받아들이는 것이 세례이다.

6. 교회는 세상을 섬기기 위해 구제, 봉사, 선교, 전도를 하는 곳이다

1) 교회는 세상을 섬기기 위해 구제하고 봉사하는 곳이다.

교회는 구제 기관이나 봉사 기관은 아니다. 우리 사회에는 사회복지 기관이나 구제를 목적으로 세워진 비영리 단체들이 있다. 그리고 정부가 그런 일들에 국민들이 낸 세금을 가지고 일차적인 책임을 지고 있다. 그럼에도 불구하고 교회는 구제와 봉사를 소홀히 할 수 없다. 구제와 봉사는 선교와 전도와 함께 한 동전의 양면이기 때문이다.

지금까지 교회에서 하나님과의 관계를 회복하고, 성도의 정체성과 사명을 회복하고, 양육 받은 것은 이제 나가서 세상을 섬기며 선교하고 전도하기 위한 것이었다. 그리고 구제와 봉사는 바로 선교와 전도의 또 다른 면이다. 병원이 아무리 좋아도 병을 고쳐서 퇴원하는 것이 목표이고, 학교가 아무리 좋아도 학년이 올라가면 졸업하는 것이 목표이듯이, 교회는 아무리 좋아도 제자가 되어 세상에 나가 섬기는 것이 목표이다.

교회는 모든 사람들에게 구원을 전하는 도구로 쓰임받기 위해 불러냄을 받은 백성들로서 야고보서 1:27이 말하고 있듯이 "하나님 아버지 앞에서 정결하고 더러움이 없는 경건은 곧 고아와 과부를 그 환난 중에 돌보고 또 자기를 지켜 세속에 물들지 아니하는 그것"이라는 인식하에 윤리적인 경건을 지킬 의무가 있다.

윤리적이라는 것은 소극적으로는 다른 사람에게 해를 끼치지 않는 것인 동시에 적극적으로는 자신의 이익을 희생하면서도 다른 사람에게 이익을 끼치는 것이다. 또한, 경건하다는 것은 하나님의 말씀을 묵상하고 기도하고 회개함과 더불어 그것이 우리의 삶에 구체적으로 반영되도록 하는 것으로 욕망 절제, 경제적인 절제를 포함한다.

이것은 마태복음 5:13-14에 있는 것처럼 세상의 소금이 되어 부패를 막고 빛이 되어 방향을 제시해 줄 의무로 표현된다. 교회는 국가처럼 힘을 가지고 사회적 의무를 다하는 것이 아니라, 낮아지고 희생하는 십자가 정신으로 세상의 빛과 소금이 되어야 한다. 즉 교회의 사회봉사는 기독교적 정신과 목표(하나님 나라 건설)에 따라 다른 사람을 위해 대가없이 희생적으로 섬기는 것이다.

그러나 이러한 사회봉사도 열정과 신앙만을 가지고 할 수는 없다. 전문성이 결여된 사회봉사는 성도들의 헌금의 낭비를 초래하고 봉사의 효율성을 떨어뜨릴 수 있다. 그러므로 각 교회가 자기에게 적합한 사회봉사를 연구하고 참여할 필요가 있다.

다시 말해서, Soup Kitchen이나 Homeless Shelter처럼 직접적인 사회봉사를 하는 것이 적합한 경우가 있고, 사회의 부정한 제도를 고치는 사회참여가 적합한 경우가 있고,

약자들의 입이 되어 대변해 주는 행동이 적합한 경우가 있다. 이것은 각 교회가 처한 상황과 섬기는 지역, 사람들의 요구에 따라 다르게 규정된다.

Bread for the World 라는 단체의 예를 보면, 빵을 공급하는 직접적인 사회봉사를 전혀 하고 있지 않지만, 가난한 이들에게 정부 예산이 더 많이 배정되고, 가난한 이들을 위한 입법과 정책이 수립되도록 하는 일에만 전념하고 있다. 이러한 노력으로 작년 한 해에만 40억 불의 재정이 굶주리는 이들을 위한 각종 사회봉사 단체에 돌아갈 수 있는 법을 제정하였다. 이것은 사회봉사가 전문성과 효율성을 가질 수 있는 하나의 예이다.

또한 서독 교회가 교회의 사회적 책임을 감당하는 한 방편으로 동독 교회를 지원할 때의 예를 보면, 재정 지원을 할 때에는 다음의 다섯 가지 원칙을 가지고 있었다.

• 언제나 명목 있는 도움으로 도움을 받는 상대방의 자존심을 지켜 준다.
• 한 번도 도와준 돈의 용처를 확인하지 않는다.
• 적지 않은 돈을 일회적이거나 과시적이 아닌 지속적이고 인격적으로 돕는다.
• 직접적인 금전 지원보다는 필요 자재를 공급하는 방식으로 돕는다.
• 정부와의 협조 하에 돕는다.

특히 효율적인 사회봉사를 위해, 교회는 (예수 그리스도의 사랑의 증거 공동체, 사람들의 구원과 행복을 위한 섬김의 공동체로서) 1975년에 동독 안에 디아코니아 재단을 설립해서 병원, 양로원, 고아원 등을 운영하는 것을 도왔다. 이 재단 안에는 92개의 전문 단체들, 노인 돕기 단체, 여성 돕기 단체, 국제청소년회, 무숙자 돕기 단체 등이 있었고, 362개의 병원을 가지고 있었다. 이런 활동을 바탕으로 디아코니아 재단은 "사회 가운데 내민 교회의 손"이라고 불리고 있다.

또 다른 예를 보면, 한국의 성시화 운동(Holy City Move-ment)을 들 수 있다. 성시화 운동은 교회가 사회적인 책임을 감당하는 방법으로 그 교회가 위치하고 있는 지역사회를 거룩하게 만드는 것을 그 사명으로 하는 운동이다. 먼저 기관장들, 지역사회 지도자들을 경건 훈련에 동참시키고, 교회가 그들과 함께 각 지역 특성에 맞는 일들을 벌이는 것이다. 때로는 거리 청소, 때로는 폭력 없는 학교 만들기, 때로는 촌지 받지 않기, 때로는 정직하게 세금 내기 운동 등을 벌이면서 사회가 하나님이 원하시는 모습을 닮아가도록 하는 것이다. 이런 활동을 통해서 춘천시는 범죄율이 20% 감소되었고, 포항시에서는 유흥업소 200개가 문을 닫는 성과를 거두었다.

교회의 사회참여는 교회의 본질적인 활동이다. 다만, 그 사역을 감당하는 데 있어서 어느 것이 효율적인가하는 것을 정할 때에는 교육과 훈련, 지혜와 계획이 필요하다. 어떤 경우는 직접 봉사, 어떤 경우는 제도와 정책, 입법 개혁, 어떤 경우는 총체적인 시민운동 등을 통해 하나님 나라를 이 땅에 만들어 가야 할 것이다.

2) 교회는 세상에 나가 선교와 전도를 하는 곳이다.

• 전도 •

사람이 태어나서 자라면 결혼해서 새로운 생명을 출산하고 양육해야 하듯이, 영적으로 교회는 불신자가 신자로 거듭나서 자라서 하나님의 영을 받아 새로운 신자를 출산하고 양육하는 재생산이 끊임없이 이루어지는 곳이다. 그 일을 전도라고 부른다.

전도는 도를 전하는 것이다. 도는 "하나님이 세상을 이처럼 사랑하사 독생자를 주셨으니 이는 그를 믿는 자마다 멸망하지 않고 영생을 얻게 하려 하심이라"(요한복음 3:16)는 말씀에 요약되어 있는 내용이다. 이미 말한 네 가지의 영적 원리를 말한다. 이것을 전하는 것이다.

사람들을 교회로 모시고 오는 것을 전도로 알고 있는 분들이 있다. 그러나 그것은 전도의 열매, 혹은 전도의 준비과정이다. 전도는 예수님이 구세주 되심을 전하는 것이다. 그리고 그 도를 듣고 상대방이 예수님을 구주로 영접할 수 있도록 최선을 다할 뿐이다. 그러나 그 열매를 맺는 것은 하나님의 역사이지 우리들의 업적은 아니다.

우리가 할 일은 포기하지 않고 꾸준히 씨를 뿌리는 것이다. 혹은 고구마 전도왕 김기동 집사의 표현을 빌면, "고구마가 익었나, 아직 덜 익었나, 알아보기 위해 젓가락으로 찔러 보는 것"이다. "예수 믿으세요!" 이렇게 전하고 상대의 마음 문이 열렸는지 아닌지를 수시로 점검하면서 그를 위해서 계속 기도하는 것으로 족하다.

이렇게 꾸준히 씨를 뿌리고, 젓가락으로 찔러 보면, 인생의 어느 단계에서 사람들이 인생의 목적과 보람을 찾기도 하고, 인생의 어려움을 헤쳐 나갈 도움과 힘을 구하기도 하고, 인생의 막다른 골목에서 하나님을 간절하게 찾는 순간이 있게 된다. 그럴 때, 그 동안 들어 왔던 복음에 마음의 문이 열리고 사람들이 응답하는 일이 생긴다.

사람들은 실패의 두려움 때문에 전도를 하지 못한다고 한다. 그러나 모든 전도는 100% 성공이다. 왜냐하면 전도는 도를 전하는 것인데, 전하였다면 그 전도는 성공이다. 사람들이 마음을 열고 받아들이지 않았다고 해도 나는 전했으니 성공한 것이다. 그러므로 실패의 두려움을 던져 버리기 바란다.

보험회사 외판원들이 보험을 파는 전략을 소개한다. 그분들은 통계로 보험을 판다. 즉 통계적으로 나는 100명에게 말을 걸면 한 명에게 보험을 판다, 나는 30명에 한 명 꼴로 판다 하는 개인 통계가 있다고 한다. 그러면 부지런히 사람들에게 말을 건다. 그리고 거절을 당하면 당할수록 이제 보험을 팔 기회가 가까웠다는 희망에 부푼다는 것이다. 90명에게 거절당하면, 이제 10명에게만 더 거절당하면 한 명이 산다는 희망으로 발걸음이 가벼워지고 휘파람이 나온다는 것이다.

• 선교 •

선교는 여러 가지로 정의되고 있지만 연합감리교회 세계선교부의 샘 딕슨 (Sam Dixon) 목사는 우리 연합감리교회의 장정을 소개하면서 우리 연합감리교회의 선교의 목표를 이렇게 정리한다.

•예수님의 제자들을 길러 내는 것
 (Make Disciples of Jesus Christ)
•기독교 공동체와 교회를 개척하고 갱신 강화하는 것
 (Strengthen, Develop, and Renew Christian
 Congregations and Communities)
•인류의 고통을 경감하는 것 (Alleviate Human Suffering)
•정의, 자유, 평화를 추구하는 것
 (Seek Justice, Freedom, and Peace).

사실 이 네 가지 목표는 광범위하게 보면 교회에서 하고 있는 모든 일을 포함하고 있다. 종교적인 내용을 전혀 띠지 않은 활동들, 예를 들면, 아프리카에 깨끗한 수도를 건설하는 일(3번)이나, 이라크에 민주주의를 정착하는 일들(4번)이 이런 과정을 거쳐서 기독교 공동체와 교회를 세우고 예수님의 제자를 길러내는 데 도움이 된다고 판단되면 다 선교에 들어간다. 그러면 이렇게 광범위한 목표를 가진 선교 활동을 주어진 재원과 인력을 가지고 어떻게 감당해야 하겠는가? 여기에 대해 세계선교부에서 정한 세 가지 우선순위는 다음과 같다.

선교의 3대 우선순위: 선교의 우선순위를 정하는 데 있어서 다음과 같은 정신에 입각해서 정한다—가장 작은 자를 섬길 때 주님을 가장 잘 섬길 수 있다. 이런 정신에 입각해서 다음 세 그룹이 우선순위가 된다.
●어린이와 청소년
●위기 상황에 있거나 위기에서 막 벗어난 사람들
●소수 그룹 혹은 주변 그룹

C. 토론 주제

1. 현재 우리 교회의 모습과 지금까지 공부한 교회의 모습을 통해서 어떤 점에서 우리 교회가 잘하고 있다고 생각하는가?

2. 지금까지 교회를 다니면서 성도가 생각하고 있던 교회의 모습과 지금까지 공부한 교회의 모습은 어떤 점에서 다르다고 생각하는가?

3. 앞으로 우리 교회가 더욱 성장해야 한다면, 어떤 면이 더욱 보강되어야 한다고 생각하는가?

4. 교회의 비본질적인 모습들 가운데 어떤 점이 가장 마음에 걸리는가? 왜 그러한가? 그리고 그것을 해결하기 위해서 성도가 할 수 있는 일들은 어떤 것이 있는가?

집사 훈련 교재

제IV부
신앙생활과 영성

안명훈 목사

집사 훈련 교재

A. 요점

 "신앙생활"과 "영성," 이것은 두 개의 다른 말들이 아니다. "신앙생활"이라는 말 가운데는 이미 "영성"이라는 말이 포함되어 있다. "영성" 없는 "신앙생활"이란 있을 수 없기 때문이다. 그러므로 올바른 "영성"을 갖는 것은 "신앙생활"의 기초요 목표가 되는 것이다.

 그러면 "영성"이란 무엇인가? "영성"을 갖는다는 뜻이 무엇인가? 그리고 어떻게 하여야 "영성"을 가질 수 있을까? 신앙생활과 영성 부분에서는 이러한 질문들에 대한 성경적인 대답을 찾아보고자 하는 것이다.

B. 내용

1. 영적 존재로 창조지음을 받은 인간

 성경은 하나님께서 인간을 창조하실 때에 당신의 형상(Image of God) 대로 창조하셨다고 가르쳐주고 있다. 우리들이 하나님을 닮았다는 말은 겉모양을 닮았다는 말이 아니다. 하나님께서 영이신 것처럼 우리 인간들도 영적인 존재로 창조되었다는 말이다.

 인간은 영과 혼과 육으로 이루어져 있다. 다른 말로 쉽게 표현하자면, 인간에게는 영혼과 정신과 육신이 있다는 말이다. 성경은 하나님께서 사람을 어떻게 창조하셨는가를 다음과 같이 설명해 주고 있다. "여호와 하나님이 땅의 흙으로 사람을 지으시고 생기를 그 코에 불어넣으시니 사람이 생령이 되니라" (창세기 2:7). 하나님의 영을 받은 "살아있는 영" (생령)이 바로 참 인간이라는 말이다.

 바울은 흙으로 만들어진 육신은 "겉사람"이고, 하나님의 영을 받은 "살아있는 영"(생령)은 "속사람"이란 말로 설명하고 있다. "속사람"인 영이 살아 있어야 하나님께서 창조하신 본래 인간의 모습으로 되돌아 갈 수 있다는 말이다. 육신과 겉사람은 껍데기에 불과하다. 천사도 흠모하는 참 인간의 모습이란 속사람인 영이 살아 있는 모습인 것이다.

2. 영적 존재로 창조지음을 받은 의미

1) 영원하신 하나님처럼 인간도 영원한 존재

인간이 영이신 하나님의 형상대로 창조되었다는 의미는 영이신 하나님께서 영원한 분이시듯이, 우리도 영원한 존재라는 것이다. 우리의 몸이 흙으로 다시 돌아가더라도, 우리의 영혼은 영원히 존재하는 것이다. 영원히 살든가 (영생), 영원히 죽게 (영멸) 된다는 말이다.

"영생," "영멸," 인간은 이 세상에 살면서 이런 개념들을 절대로 이해할 수 없다. 왜냐하면 우리 인간은 시간과 공간의 제한을 받으며, 유한한 세상을 살고 있는 동안 절대로 "영생"이나 "영멸"을 경험할 수 없기 때문이다. 영원의 세계는 인간이 죽음 후에나 경험할 수 있는 것이기 때문이다.

영성에 관하여 많은 글을 쓴 헨리 나우웬(Henry Nouen)은 인간이 영원한 존재임을 다음과 같은 비유로 설명한 적이 있다. 인간의 삶이란 항구를 떠나 항해하는 배와 같다는 것이다. 배가 항구를 떠나서 항해하다가 수평선을 넘어간다. 항구에서 보면 그 배가 수평선 너머로 사라져 간다. 그러나 그 배가 물에 빠지는 것이 아니다. 그 배는 계속하여 목적지를 향하여 항해하고 있는 것이다.

인간의 삶도 마찬가지라는 것이다. 인간이 살다가 죽음의 수평선을 넘어가지만, 인간은 영원을 향하여 계속해서 항해한다는 것이다.

태양이 떠올라 하늘에 떠서 세상을 밝히다가 태양이 지더라도 태양이 없어지는 것이 아니듯이, 영원한 존재인 하나님의 형상을 닮은 영적인 인간은 영원히 존재함을 성경은 우리들에게 가르쳐 주고 있는 것이다.

2) 영이신 하나님과의 교제

우리 인간들이 영적인 존재로 창조되었기에, 우리는 영이신 하나님과 교제를 나눌 수 있다. 요즈음 한국 사람들이 즐겨 쓰는 말 중에 "코드가 맞는다"는 말이 있다. 나의 생각을 이해할 수 있는 "사고의 틀"을 상대방도 가졌다는 말이다. 라디오나 TV에 안테나가 설치되어 있다. 안테나가 없다면, 공중전파를 받을 수가 없다.

하나님께서는 흙으로 사람을 지으시고, 생기를 그 코에 불어 넣어주심으로 우리 안에 하나님과 교제할 수 있는 "코드"를 맞추어 주신 것이다. 그리고 하나님과 교제할 수 있는 영적 안테나를 우리 인간들에게 설치하여 주신 것이다. 그래서 하나님께서 창조하신 모든 피조물 중에 오직 인간만이 하나님과 영적 교제를 나눌 수 있게 된 것이다.

3) 하나님께 영광을 돌리기 위하여 창조된 인간

하나님께서 우리 인간을 영적인 존재로 창조하셔서 우리와 영적 교제를 나누기를 원하시는 목적이 무엇이었을까? 이 질문에 대하여 릭 워렌 (Rick Warren) 목사는 *목적이 이끄는 삶* 이란 책 서문에서 다음과 같이 분명하게 설명한다. "우리 인간들은 하나님에 의해서 창조되었고, 하나님을 위하여 창조되었습니다." (We are created by God and for God.)

영적인 존재로 창조된 인간은 하나님과의 영적 교제를 통하여 하나님께 영광을 돌려야 한다는 것이다. 이것이 우리 인간들을 향하신 하나님의 목적이라는 것이다. 그러므로 우리의 삶은 우리 자신들의 목표(Our Goals)에 의하여 달려가는 삶이 아니라, 우리를 통하여 영광 받으시기를 원하시는 하나님의 목적(God's Purpose for Us)에 의하여 달려가는 삶이어야 한다는 말이다.

4) 영적 존재인 인간은 영이 강건해야 한다.

성경은 우리가 강건함을 얻어야 하는 순서를 분명히 가르쳐 주고 있다. "사랑하는 자여 네 영혼이 잘됨 같이 네가 범사에 잘되고 강건하기를 내가 간구하노라" (요한3서 2절). 영혼이 먼저 강건함을 얻어야 모든 일이 잘 되고, 육신의 강건함도 얻게 된다는 말이다.

창세기에서 하나님은 인간들에게 선악과를 따 먹으면 반드시 죽게 된다고 경고하셨다. "동산 각종 나무의 열매는 네가 임의로 먹되 선악을 알게 하는 나무의 열매는 먹지 말라 네가 먹는 날에는 반드시 죽으리라" (창세기 2:16-17). 그런데 인류의 조상 아담과 이브는 하나님의 말씀을 거역하고 선악과를 따먹었다. 선악과를 따먹은 그들이 어떻게 되었는가? 그들이 죽었는가? 그들에게 우리들이 생각하는 죽음이 닥치지는 않았다. 그러면 하나님의 말씀이 거짓이었는가? 아니다. 그들의 영이 죽게 된 것이다. 육신은 살아 있었지만, 그들의 영은 죽게 된 것이다.

이렇듯 성경은 "살아 있으나 죽은 것"이 있음을 우리에게 가르쳐 주고 있다. 영이 죽은 사람은 살아 있으나 죽은 사람이다. 아담과 이브, 그들의 영이 죽게 되자 그들에게 무슨 일이 일어났는가? 정신적으로 죄책감에 시달리게 되었다. 그래서 동산 깊은 곳에 숨었던 것이다. 수치감이 생긴 것이다. 그래서 자기들의 부끄러운 부분들을 무화과 나뭇잎으로 가린다. 아내를 보며 "내 뼈 중의 뼈요 살 중의 살이라"고 고백하던 아담이 자기 아내를 원망하며 그에게 책임을 전가시킨다. 가정에 불화가 생기게 된다. 그리고 그들의 삶에 고통이라는 것이 시작된다. 아담은 땀을 흘려 수고해야 땅의 소산을 먹게 된다. 땅도 저주를 받아 가시덤불과 엉겅퀴를 내게 된다. 이브는 해산의 고통을 겪어야 하는 운명에 처하게 된다. 그리고 결국에는 육신도 죽음을 맛보게 된 것이다. 영이 죽게 되자 그들의 정신도, 그들의 가정도, 삶도, 육신도 모두 망가지게 된 것이다.

그러므로 우리가 반드시 알아야 할 것이 있다. 그것은 다름이 아니라, 인간에게 있어서 가장 중요한 것은 "영혼의 강건"이라는 것이다. 영혼이 가장 근본적인 것이기 때문이다. 그리고 우리 인간들은 영혼이 강건해야 정신이 강건하도록 지음을 받았기 때문이다. 요사이 유행하는 한국말에 "당근이지"라는 말이 있다. "당연하고 근본적이지" 라는 말을 줄여서 하는 말이라고 한다. 이런 의미에서 본다면, 영혼이 강건해야 정신과 육신이 강건하게 된다는 것은 당연하고 근본적인 "당근"과 같은 진리인 것이다.

3. "영의 사람"이 된다는 말은 무슨 뜻일까?

1) 우리 안에 하나님께서 창조 때에 주신 "영성"을 회복한다는 말이다.

성경은 노아 시대에 타락한 인간들이 어떻게 되었는가를 다음과 같이 설명해 주고 있다.

"사람이 땅 위에 번성하기 시작할 때에 그들에게서 딸들이 나니 하나님의 아들들이 사람의 딸들의 아름다움을 보고 자기들이 좋아하는 모든 여자를 아내로 삼는지라 여호와께서 이르시되 나의 영이 영원히 사람과 함께 하지 아니하리니 이는 그들이 육신이 됨이라…" (창세기 6:1-3).

하나님의 영이 사람에게서 떠났기 때문에 사람에게는 육신만이 남게 되었다는 말이다. 즉 "속사람"인 영은 죽게 되었고, "겉사람" 밖에는 남지 않게 되었다는 말이다. 인간이 창조지음을 받을 때에 있었던 "하나님의 형상"을 잃어버리게 되었다는 말이다. 하나님의 영을 받아 "살아있는 영"(생령)으로 창조지음을 받았던 인간이 그 영을 잃어버리게 되었다는 말이다.

아담의 죄로 인하여 "하나님의 형상," "생령"을 잃어버린 상태, 이것을 우리는 "원죄"라는 말로 표현한다. 인간은 "원죄"로 인하여 "영적 사생아"로 태어나는 것이다. 영적으로 죽었던 인간이 다시 영을 회복하는 것, 우리는 이것을 "거듭남"(Born Again)이라고 말하는 것이다.

예수님께서 니고데모에게 "거듭남"의 진리에 대하여 다음과 같이 말씀해 주신 적이 있으시다.

"예수께서 대답하여 이르시되 진실로 진실로 네게 이르노니 사람이 거듭나지 아니하면 하나님의 나라를 볼 수 없느니라 니고데모가 이르되 사람이 늙으면 어떻게 날 수 있사옵나이까 두 번째 모태에 들어갔다가 날 수 있사옵나이까 예수께서 대답하시되 진실로 진실로 네게 이르노니 사람이 물과 성령으로 나지 아니하면 하나님의 나라에 들어갈 수 없느니라 육으로 난 것은 육이요 영으로 난 것은 영이니 내가 네게 거듭나야 하겠다 하는 말을 놀랍게 여기지 말라"

(요한복음 3:3-7).

그러므로 "영성"을 갖는다는 것은 "물과 성령으로 거듭남"으로 죽었던 영이 다시 태어나 우리 안에 거하게 되는 것을 말한다. 그리고 "물과 성령으로" 거듭난다는 말은 예수님의 은혜로 죽었던 영이 살아나게 된다는 뜻이다. "너희가 세례로 그리스도와 함께 장사되고 또 죽은 자들 가운데서 그를 일으키신 하나님의 역사를 믿음으로 말미암아 그 안에서 함께 일으키심을 받았느니라" (골로새서 2:12).

태어나지도 않는 아이가 어떻게 자라날 수 있겠는가? 거듭나지도 않은 영이 어떻게 자라며 강건해질 수 있겠는가? 그러므로 "영의 사람이 된다"는 의미는 우리 안에 "하나님의 영," "하나님의 형상"을 회복하는 것이다.

2) "영의 사람이 된다"는 의미는 예수님의 성품을 닮은 사람이 된다는 말이다.

어떤 사람이 영의 사람인가? 겉으로 보기에 경건해 보이는 사람인가? 유창한 말로 기도하는 사람인가? 교회에서 중요하다고 생각하는 직분을 맡은 사람인가? 예언의 능력과 방언의 은사를 받은 사람인가? 성경에 대한 지식이 많은 사람인가? 이런 것들이 중요하지 않다는 말이 절대로 아니다. 영의 사람이 되기 위하여 그런 것들보다 더 중요한 것이 있다. 바울은 고린도 교인들에게 다음과 같이 말한다.

"내가 사람의 방언과 천사의 말을 할지라도 사랑이 없으면 소리 나는 구리와 울리는 꽹과리가 되고 내가 예언하는 능력이 있어 모든 비밀과 모든 지식을 알고 또 산을 옮길 만한 모든 믿음이 있을지라도 사랑이 없으면 내가 아무 것도 아니요 내가 내게 있는 모든 것으로 구제하고 또 내 몸을 불사르게 내어 줄지라도 사랑이 없으면 내게 아무 유익이 없느니라"

(고린도전서 13:1-3).

"사람의 방언과 천사의 말," "예언하는 능력," "모든 지식," "산을 옮길 만한 믿음," "자신의 몸을 내어주는 헌신," 많은 사람들은 이러한 것들이 영성을 가진 증거라고 말한다. 그러나 그러한 것들이 영성의 전부는 아니다. 이것들이 중요하지 않다는 말이 결코 아니다. 바울은 고린도 교인들에게 그러한 보이는 현상들보다도 보이지는 않지만 더 중요한 내적 영성이 있어야 함을 가르치고 있는 것이다. 영의 사람이란 겉으로 보이지는 않지만, 더 중요한 "내적 영성"을 소유한 사람이어야 한다는 말이다. 말로 표현하지는 않지만 삶으로부터 조용히 흘러나오는 그리스도의 향기가 있어야 하는 것이다.

헨리 나우웬이 쓴 책 중에 "예수님을 생각나게 하는 사람"이라는 책이 있다. 그 책 제목만 보아도 참 영의 사람이 어떠한 사람이어야 하는가를 우리는 깨닫게 된다. 예수님을

집사 훈련 교재

닮은 사람. 그 사람의 말과 행동을 보면 예수님을 생각하게 하는 사람. 그 사람이 바로 영의 사람인 것이다.

나는 바울 성지들을 돌아보면서, 참으로 귀한 사실 하나를 깨달았다. 초대교회 성도들이 함께 모여서 예배를 드린 장소에 가면 항상 성화가 그려져 있다. 예수님의 그림, 천사들의 그림, 그리고 제자들과 성자들의 그림들. 그런데 한 가지 놀라운 사실은 그 모든 그림의 얼굴들이 모두 예수님을 닮은 얼굴이라는 것이다. 수염이 있고 없고의 차이는 있다. 머리칼이 있고 없고의 차이는 있다. 저들이 입은 옷은 서로 조금씩 달랐다. 그런데 얼굴 형태는 모두가 비슷했다. 약간 갸름한 형태의 예수님을 닮은 선한 얼굴들이었다. 교회는 그러한 그림들을 통하여 성도란 예수님의 모습을 닮은 사람들이라는 것을 은연중에 가르쳤던 것이다.

성경은 "하나님이 자기 형상 곧 하나님의 형상대로 사람을 창조"하셨다고 가르치고 있다 (창세기 1:27). 하나님은 당신의 성품이 무엇인지를 인간의 몸을 입고 친히 오셔서 우리들에게 보여주셨다. 그분이 바로 예수님이시다. 바울은 우리들이 예수님의 성품 중에서 닮을 수 있는 것들이 무엇인지를 가르쳐 주고 있다. 그것이 바로 성령의 아홉 가지 열매인 "사랑과 희락과 화평과 오래 참음과 자비와 양선과 충성과 온유와 절제"이다 (갈라디아서 5:22-23).

예수님의 성품들 중에 우리들이 닮을 수 없는 것들이 있다. 그분의 전지전능하심을 우리 인간들은 결코 닮을 수 없다. "무소부재" (어디에나 계심), "무소불능" (못하시는 것이 없으심), "무소부지"(무엇이든지 모르는 바가 없음)는 우리들이 본받을 수 없는 예수님의 신적 성품들이다. 그러나 위에서 열거한 아홉 가지의 성품들은 성령의 도우심을 받아 우리들의 삶 속에서 예수님을 닮을 수 있는 부분들인 것이다. 이러한 열매들을 삶 속에서 맺고 사는 사람, 이 사람이 영적 사람인 것이다. 그리고 이러한 사람들이 예수님을 닮은, 예수님을 생각나게 하는 사람들인 것이다.

3) "영의 사람이 된다"는 의미는 예수님과 친밀한 영적 교제를 나누게 된다는 말이다.

"영성"의 깊이는 예수님과의 친밀한 관계에 정비례한다. 예수님과의 관계가 친밀하면 할수록 영성이 깊다고 말할 수 있다는 말이다. 헨리 나우웬은 우리가 예수님을 닮은 영의 사람이 되는 비결을 "친밀감"(Intimacy)이라는 단어로 소개하고 있다. "친밀감"이란 그가 쓴 책의 제목이기도 하다. 한 마디로 말하면, 우리는 예수님과의 친밀한 관계(Our Intimate Relationship with Jesus)를 통하여 예수님을 닮게 된다는 말이다.

부부가 오랜 세월을 함께 살다 보면 서로 닮게 된다고 하지 않는가? 입맛도 닮아가고, 취미도 닮아가고, 가치관도 닮아가고, 얼굴도 닮는 것을 본다. 예수님과의 친밀한 관계를 통하여 예수님을 닮게 되는 것. 그래서 예수님의 생각을 닮게 되고, 예수님의 마음을 갖게 되고, 예수님의 꿈을 함께 소유하게 되는 것. "예수님이라면 어떻게 하셨을까?"(What Would Jesus Do?)를 생각하며 예수님을 닮은 말과 행동을 하는 것. 바울은 이러한 상태를 "내 안에 그리스도께서 사시는 것"이라고 표현하였다 (갈라디아서 2:20).

에녹은 하나님과 동행하며 일생동안 하나님과 친밀한 관계를 맺었던 사람이었다. 성경은 에녹의 생을 다음과 같이 소개하고 있다.

> "에녹은 육십오 세에 므두셀라를 낳았고 므두셀라를 낳은 후 삼백 년을 하나님과 동행하며 자녀들을 낳았으며 그는 삼백육 십오 세를 살았더라 에녹이 하나님과 동행하더니 하나님이 그를 데려가시므로 세상에 있지 아니하였더라"
>
> (창세기 5:21-24).

성경은 에녹의 생을 간단하게 설명하고 있다. 에녹이 자녀를 낳고, 하나님과 동행했다는 이야기 외에 별다른 것이 없다. 그러나 하나님은 일생동안 친밀하게 동행하셨던 에녹을 하늘나라로 직접 데려가셨다. 일생을 살면서 많은 업적을 남기는 것도 중요하다. 그러나 하나님께서 가장 귀하게 보시는 것은 얼마나 하나님과 친밀한 관계를 유지하며 세상을 살았는가에 있는 것이다. 성경은 우리들에게 에녹의 생을 통하여 이것을 강력하게 증거하고 있는 것이다.

우리는 아브라함을 "믿음의 아버지 (혹은 믿음의 조상)" 라고 부른다. 믿음이 무엇인가를 보려면 아브라함의 믿음을 보면 알 수 있다는 말이다. 우리는 아브라함이 하나님과 매우 친밀했던 사람이었음을 성경을 통하여 알 수 있다. 아브라함은 하나님과 직접 대화를 나누었고, 어디를 가든지 하나님께 제단을 쌓았던 사람이었다. 소돔과 고모라 성을 구하기 위하여 하나님께 무리한 요구를 하였었고, 또 하나님은 아브라함의 요청을 거절하지 않으셨다. 그리고 또 하나님께서 아브라함에게 이삭을 바치라는 무리한 요구를 하셨어도, 아브라함은 하나님의 요청을 거절하지 않았던 것이다. 이렇게 하나님과 아브라함은 서로 무리한 요구를 할 수 있고, 또 들어줄 수 있는 친밀한 관계였다. 그래서 하나님은 아브라함을 부르실 때에 "나의 벗"(이사야 41:8)이라고 부르신 것이다. 이렇듯 아브라함의 "영성"은 하나님과의 친밀감에서 비롯된 것이고, 이러한 영성으로 인하여 아브라함은 "큰 믿음", "깊은 믿음", "성숙한 믿음"을 소유한 능력의 사람이 된 것이다.

모세도 하나님과 친밀한 관계를 맺었던 영적 사람이었다. 하나님께서는 모세가 당신과 얼마만큼 친밀하였는가를 다음과 같이 말씀하신 적이 있으시다.

"…내 말을 들으라 너희 중에 선지자가 있으면 나 여호와가 환상으로 나를 그에게 알리기도 하고 꿈으로 그와 말하기도 하거니와 내 종 모세와는 그렇지 아니하니 그는 내 온 집에 충성함이라 그와는 내가 대면하여 명백히 말하고 은밀한 말로 하지 아니하며 그는 또 여호와의 형상을 보거늘…"

(민수기 12:6-8).

모세의 능력은 바로 이러한 하나님과의 친밀한 관계에서 나온 것이다.

나는 찬송가 499장에 있는 마일즈(Miles)가 작사 작곡한 "저 장미꽃 위에 이슬"이라는 찬송을 참 좋아한다. 특별히 후렴의 영어 가사가 참으로 은혜가 된다. "주가 나와 동행을 하면서 나의 친구 되시오니 우리 서로 받은 그 기쁨은 알 사람이 없도다." (He walks with me, and talks with me, and he tells me I am His own. And the joy we share as we tarry there. None other has ever known.) 주님과 함께 걸으며, 함께 이야기를 나누고, 주님이 "너는 나의 것이라"고 일러 주시는 말씀을 듣는 것. 이러한 친밀함 가운데서 느끼는 영적 기쁨은 세상이 알지도 못하고 경험하지도 못한 놀라운 기쁨이라는 고백의 찬송이다. 성도들이 누리는 영적 기쁨과 권세가 바로 이러한 예수님과의 친밀한 관계를 통하여 나타나는 것이다.

4. 그러면 "영의 사람"이 되는 비결은 무엇일까?

1) "영의 사람"이 되는 비결은 우리를 "영의 사람"으로 만들어 주시는 하나님의 은혜를 믿음으로 받아들이는 것이다.

"영의 사람이 된다"는 말과 "구원을 얻는다"는 말은 같은 말이다. 우리가 구원을 얻게 되면 육신의 소욕대로 살던 "옛사람"은 벗어버리게 되고, 성령의 소욕으로 사는 "새사람"을 입게 되기 때문이다. 땅만을 바라보며 살던 우리의 삶이 영원한 소망을 바라보며 사는 삶으로 바뀌게 되기 때문이다. 그런데 성경은 그러한 구원이 전적인 하나님의 은혜로 이루어짐을 분명히 가르치고 있다.

"그는 허물과 죄로 죽었던 너희를 살리셨도다 그 때에 너희는 그 가운데서 행하여 이 세상 풍조를 따르고 공중의 권세 잡은 자를 따랐으니 곧 지금 불순종의 아들들 가운데서 역사하는 영이라 전에는 우리도 다 그 가운데서 우리 육체의 욕심을 따라 지내며 육체와 마음의 원하는 것을 하여 다른 이들과 같이 본질상 진노의 자녀이었더니 긍휼이 풍성하신 하나님이 우리를 사랑하신 그 큰 사랑을 인하여 허물로 죽은 우리를 그리스도와 함께 살리셨고 (너희는 은혜로 구원을 받은 것이라)…너희는 그 은혜에 의하여 믿음으로 말미암아 구원을 받았으니 이것은 너희에게서 난 것이 아니요 하나님의 선물이라 행위에서 난 것이 아니니 이는 누구든지 자랑하지 못하게 함이라"
(에베소서 2:1-5, 8-9).

우리를 의롭게 하여 주시는 하나님의 은혜를 받아들이는 믿음 자체도 우리의 행위가 아님을 성경은 다음과 같이 증거하고 있다. "하나님의 영으로 말하는 자는 누구든지 예수를 저주할 자라 하지 아니하고 또 성령으로 아니하고는 누구든지 예수를 주시라 할 수 없느니라" (고린도전서 12:3). 우리가 예수님을 주로 고백하는 그 믿음도 성령께서 우리 안에 역사하시기 때문이라는 것이다. 요한 웨슬리는 이러한 하나님의 은혜를 가리켜 "칭의의 은혜" (Justifying Grace) 라고 설명하고 있다.

그러므로 마음의 문을 활짝 열고, 성령께서 우리 안에 역사하셔서 우리를 영의 사람으로 변화시켜 주시는 하나님의 은혜를 겸손히 받아들이는 자세가 가장 중요하다.

2) 깊은 "영성"은 체험을 통하여 얻어진다.

성경에 나오는 모든 위대한 신앙의 인물들은 모두 하나님/

예수님과의 깊은 영적 교제를 체험한 사람들이었다. 모세가 어떻게 능력 있는 하나님의 사람이 되었는가? 그는 하나님을 직접 체험한 사람이었기 때문이다. 그는 호렙 산에서 하나님의 음성을 직접 들었고, 하나님께서 그에게 직접 기적을 보여주셨다. 시내 산에서 하나님의 음성을 들으며 율법을 받았고, 백성들을 구름기둥과 불기둥으로 인도하시는 하나님의 임재를 날마다 체험한 사람이었다.

사도행전에 보면, 제자들이 오순절에 성령을 체험하는 사건이 나온다 (사도행전 2:1-13). 이 사건은, 한 마디로 요약하자면, 제자들을 참 제자로 만든 사건이었다. 오순절 성령강림의 사건이 있기 전까지 예수님의 제자들은 제자들로서의 사명과 역할을 감당할 수 없었던 무력한 사람들이었다. 그런데 제자들은 오순절 성령강림 사건으로 인하여 권능을 얻게 되었고, 십자가의 복음을 담대히 전하는 증인들이 되었던 것이다.

성령을 체험한 베드로가 얼마나 담대하게 영적으로 충만하여 복음을 전하였는가 하는 것을 우리는 그의 설교를 통하여 알 수 있다 (사도행전 2:14-41). 그는 예수님의 수석 제자였지만, 예수님을 세 번씩이나 부인하였던 겁쟁이 베드로였다. 그런데 그가 담대히 복음을 증거하였던 것이다. 그래서 이러한 변화를 바라보던 어떤 사람들은 제자들이 "새 술에 취하였다" (사도행전 2:13) 라고 조롱하기까지 하였다고 성경은 기록하고 있다.

제자들로 하여금 그들의 사명을 감당하게 한 사건, 이것이 바로 오순절 성령강림 사건이었다. 오늘날에도 성령은 성도들을 성도되게 하고, 성도들로 하여금 그들의 사명을 감당하게 만드는 원동력이 되는 것이다. 형식적인 교인들을 참된 성도들로 만들고, 머리만 커진 교인들을 가슴이 뜨거운 성도들로 만든다. 하나님의 말씀을 입에만 담았던 교인들로 하여금 하나님의 말씀을 손과 발로 실천하는 성도들이 되게 한다. 모태신앙을 가졌다고 자랑하면서 습관적으로 신앙생활을 하던 교인들을 변화시켜 뜨거운 감격으로 신앙생활을 하게 한다. 믿음을 가졌다고 하면서도 자그마한 어려움에도 절망하고 좌절하였던 교인들로 하여금 어떠한 어려움과 환경 속에서도 굴하지 않는 굳센 믿음을 갖게 한다.

감리교의 창시자 요한 웨슬리는 성공회 목사였다. 성직자였음에도 불구하고 그에게는 권능이 없었다. 확신이 없었다. 복음에 대한 열정도 없었다. 그래서 그는 고민하였다. 그런데 그가 성령을 체험하게 된 것이다. 성령 체험은 요한 웨슬리로 하여금 참 하나님의 능력 있는 종으로 다시 태어나게 하는 사건이 되었던 것이다. 요한 웨슬리 목사는 1738년 5월 24일에 성령을 체험하였는데, 그는 성령 체험 사건이 자신을 어떻게 변화시켰는가를 다음과 같이 기록하고 있다.

"8시 45분 전쯤 그가 하나님께서 그리스도를 믿는 신앙을 통하여 우리 마음속에서 역사하사 일으키시는 변화를 말할 때에 내 마음이 이상하게 뜨거워지는 것을 느꼈다. ① 나는 그리스도를 의지하였다. ② 구원에 있어서 오직 그리스도만을 의지하였다. 그리하여 ③ 그리스도께서는 나 같은 죄인의 죄까지도 없이 하시고 사망과 죄의 율법에서 나를 구원하셨다는 확신을 얻게 되었다. ④ 그 후에 나는 나를 모욕하고 핍박하던 자를 위하여 정성껏 기도하였다. ⑤ 그리고 나는 거기 모인 사람들에게 내가 새로이 얻은 경험을 증거하였다."

올더스게이트 체험 후에 그가 하였던 첫 번째 설교의 제목은 "믿음으로 말미암은 구원"이라는 것이었다. 그의 설교 중에 한 부분을 인용하면 다음과 같다.

"믿음이란 머릿속에서만 맴도는 차디찬 동의이거나 어떤 이론과 같은 사변적이고 합리적인 것이 아니고 마음의 상태인 것이다. 믿음은 그리스도의 보혈에 전적으로 의지하는 것이다.

곧 그리스도의 생애와 죽음과 부활에 대한 신뢰이다. 다시 말해, 그리스도는 우리를 위해 세상에 오셨고, 우리 가운데 살아 계신 우리의 구속이 되시고, 우리의 생명이 되시는 분으로 알고 의지하는 것이다."

성령 체험 사건은 웨슬리를 확신에 찬 복음전도자로 만들었고, 그는 그러한 확신을 가지고 감리교운동을 확산시켜 나갔던 것이다.

감리교가 가르치는 신앙의 네 가지 가이드라인이 있다. "성경," "이성," "전통," "체험," 이것들은 올바른 믿음과 영성의 기초가 되는 요소들이다. 말씀에 기초를 둔 믿음. 하나님의 뜻은 인간의 이성을 초월하여 나타나시지만 인간의 상식이하로 표현되지는 않는다는 건강한 믿음. 2000년 기독교의 신앙 전통과 믿음의 선조들의 믿음을 귀중히 여기며 지키며 따르려는 자세. 그러나 동시에 하나님의 은혜와 성령의 역사를 깊이 체험하여 확신에 찬 신앙생활을 하는 것이 얼마나 중요함을 감리교회는 가르치고 있는 것이다.

"너희는 여호와의 선하심을 맛보아 알지어다" (시편 34:8). 체험적 신앙이 얼마나 중요함을 가르치는 하나님의 말씀이다. 참된 영성, 깊은 영성, 확신에 찬 영성은 하나님의 은혜를 깊이 체험할 때에 생기는 것이다.

3) 깊은 "영성"은 "영적 훈련"들을 통하여 얻어진다.
바울은 그가 사랑하는 믿음의 아들 디모데에게 영적 성장의 비결을 다음과 같이 알려준다.

"망령되고 허탄한 신화를 버리고 경건에 이르도록 네 자신을 연단하라 [오직 경건에 이르기를 연습하라]. 육체의 연단[연습]은 약간의 유익이 있으나 경건은 범사에 유익하니 금생과 내생에 약속이 있느니라" (디모데전서 4:7-8).

깊은 영성은 경건에 이르는 훈련을 통하여서만 이룰 수

있음을 가르치는 말씀이다. 요한 웨슬리는 이러한 "영적 훈련"을 "은혜의 수단"(Means of Grace)이라는 말로 설명하였다. 그러한 영적 훈련들을 통하여 하나님의 깊은 은혜를 체험하는 영적 깊이에 이르게 된다는 말이다.

① "말씀 속으로" 들어가는 훈련

예수님과 친밀한 관계를 맺어 깊은 영의 사람이 되기 위한 첫 번째 방법은 "말씀 속으로" 깊이 들어가는 것이다. "말씀 속으로" 깊이 들어감으로써 예수님과의 친밀한 교제를 강화해야 한다. 그래야 우리는 그분의 생각을 깊이 이해할 수 있다. 그래야 우리를 향하신 예수님의 사랑을 깊이 깨달을 수 있다. 그의 크신 은혜를 깨닫고 그를 더욱 사랑하게 된다. 말씀 속에서 예수께서 주시는 참 위로를 받게 된다. 그리고 소망을 갖게 된다. 예수님의 마음이 내 마음이 된다. 예수님의 비전이 나의 비전이 된다.

예수님은 사람이 떡으로만 살 것이 아니라, 하나님의 입에서 나오는 모든 말씀으로 살아야 한다고 말씀하신 적이 있으시다 (마태복음 4:4). "믿음은 들음에서 나며 들음은 그리스도의 말씀으로 말미암았느니라" (로마서 10:17) 라는 말씀이 있다. 하나님의 말씀을 들어야 믿음이 생기며, 믿음이 생겨야 영혼이 강건함을 얻게 된다는 말씀이다.

"말씀 속으로" 깊이 들어가는 훈련 중에 "말씀 묵상"이 있다. 말씀 묵상이 무엇인가에 관하여 잘 정리한 글을 하나 소개한다.

"말씀을 읽고 묵상한다는 것은 말씀이 우리의 생각과 삶에 스며든다는 말입니다. 말씀이 우리 존재 속에 스며드는 것입니다. 우리 핏속에 말씀이 흐르고, 우리 생각을 말씀이 지배하고, 우리 언어 속에 말씀이 나타나고, 우리 성품 속에 말씀이 드러나는 것입니다. 우리가 말씀을 사로잡는 것이 아니라, 말씀이 우리를 사로잡는 것입니다. 우리가 말씀을 읽는 것이 아니라, 말씀에게 읽혀지는 것입니다. 말씀 앞에 서서 말씀이 우리를 책망하게 하고, 바르게 하도록 내어놓는 것입니다. 말씀이 우리를 만들어 나가도록 허락하는 것입니다. 하나님의 말씀을 읽고 계속 묵상하다 보면 그 말씀이 우리도 모르는 사이에 우리의 존재가 되어서 우리의 언어가 되고 우리의 삶이 됩니다. 우리의 눈빛이 됩니다. 우리 안에서 예수님의 향기를 발하기 시작합니다. 진리를 통해서 우리 몸에 예수 그리스도가 나타나는 것을 경험하게 됩니다. 말씀 속에 나와 있는 진리를 자신의 인격 속에 담는 것처럼 말씀을 읽으십시오. 말씀을 통해서 나의 성품을 예수님의 성품처럼 개조시키는 작업이 말씀 묵상입니다." (강준민 저, *말씀 묵상과 예수님을 닮아가는 삶*, 15-16쪽)

뉴햄셔(New Hampshire)주에는 "큰 바위 얼굴"(The Old Man of the Mountain)이 있다. 나다니엘 호손(Nathaniel Hawthorne)이 이 바위를 소재로 "The Great Stone Face" 라는 단편소설을 쓴 것을 기억할 것이다. 그 이야기의 요점은 어릴 때부터 큰 바위의 얼굴을 보면서 그것을 동경하며 자랐던 어니스트 라는 사람이 나중에 그 인자하고 자비로운 큰 바위의 얼굴을 닮은 사람이 된다는 이야기이다.

말씀을 계속하여 묵상하면 말씀이신 예수님을 닮은 영의 사람이 된다. 나의 삶이 그 말씀대로 살아지게 된다. 하나님의 말씀을 꼭 닮은 나의 삶! 이 삶이 바로 축복의 삶이요, 형통의 삶인 것이다. 착실하게 말씀을 묵상하며 사는 삶을 통하여 예수님을 닮아 가고, 날마다의 삶 속에서 말씀이 주시는 능력과 축복과 형통의 삶을 경험하시는 복된 성도들이 되시기를 바란다.

집사 훈련 교재

② "기도 속으로" 들어가는 훈련

영의 사람은 "말씀 속으로" 깊이 들어가는 사람일 뿐만 아니라, "기도 속으로"도 깊이 들어가는 사람이다. 기도를 통하여 예수님과의 친밀한 교제를 강화(build-up)해 가야 한다는 말이다. 우리는 기도가 성도들에게 있어서 영적인 호흡과 같은 것이라고 말한다. 기도가 영적인 호흡과 같다고 너무나 이야기를 많이 들었기 때문에, 구차한 설명처럼 들릴지 모른다. 그러나 그보다 더 적절한 표현은 없는 것 같다. 호흡을 하지 못하면 죽는 것과 마찬가지로, 기도가 끊어지면 성도들은 영적으로 죽을 수밖에 없기 때문이다.

나는 얼마 전 어떤 사람으로부터 심호흡을 통하여 우리 몸에 충분한 산소를 공급받는 것이 얼마나 중요한 건강의 비결인가 하는 것을 들었다. 사람이 보통 숨을 쉴 때에 몸에 필요한 산소의 70%-80%정도밖에 받아들이지 못한다고 한다. 만병의 근원이 인체 내에 산소가 부족하기 때문에 생긴다고도 한다. 만일 우리가 심호흡을 통하여 공기 중에 무한대로 있는 산소를 인체에 필요한 만큼 100%를 받아들이게 되면 모든 건강의 문제가 해결된다는 것이다. 참으로 설득력이 있는 설명이라고 생각되어진다.

신앙생활에 있어서 기도도 마찬가지이다. 우리는 그저 기도를 쉽게 생각한다. 식사할 때나 잠자기 전에 기도하는 것으로 족하다고 생각한다. 예배시간에 나와서 잠시 머리 숙여 기도하는 것으로 족하다고 생각한다. 남이 기도할 때에 아멘으로 응답하면 그것이 곧 나의 기도가 된다고 쉽게 생각하기도 한다. 기도는 목사님과 같이 특별한 사명을 갖거나 특별히 하나님과 가깝다고 생각하는 사람들만의 것이라고 생각하기도 쉽다. 그래서 진지한 마음으로 심호흡하듯이 기도를 하지 못한다.

우리 성도들의 신앙생활에서 심호흡과 같은 기도생활이

회복되어야 한다. 우리들의 기도생활이 날마다 더욱더 깊어져야 한다. 기도의 폭이 깊어지고, 기도의 내용이 더욱더 성숙해져야 한다.

"시간이 나면…"이라는 말을 하는 사람들이 많이 있다. 그런데 "시간이 나면" 한다는 사람에게는 절대로 시간이 주어지지 않는 법이다. 기도할 수 있는 한가한 시간이 되면 기도하는 것이 아니라, "시간을 내서" 해야 하는 것이 기도이다. 얼마 전 "너무 바빠서 기도합니다" (It is too busy not to pray) 라는 제목의 책을 읽어 보았다. "너무 바빠서 기도할 시간이 없습니다"라는 것이 아니라, "너무 바빠서 나 혼자의 힘으로는 할 수 없으니, 하나님께 일을 맡겨드리고 부탁하기 위하여" 기도시간을 일부러 내서 기도해야 한다는 것이다.

영성의 깊이는 기도의 깊이에 정비례한다는 말이 있다. 깊은 기도를 통하여 주님과 친밀감을 유지하고, 주님을 더욱 의지하고, 기도한 대로 살아가는 영적 훈련을 통하여 깊은 영성을 가꾸어가는 복된 성도들이 되어야 한다.

③ 그 밖의 영성 훈련들

말씀을 읽고 묵상하며 기도하는 영성 훈련 외에도 여러 가지 영성 훈련의 방법들이 있다. 요한 웨슬리는 영성 훈련의 다양한 방법들(Means of Grace)로서 "성경탐독, 기도, 금식, 성만찬, 봉사"를 들어 설명하고 있다.

연합감리교 제자훈련 교재인 "말씀 속으로 세상 속으로"에서는 영적 훈련의 다양한 방법들을 다음과 같이 소개하고 있다: "찬양, 고백, 봉사, 복종, 예배, 기도, 고독, 굴복, 명상, 인도, 금식, 학습, 검소, 관대, 공부, 헌신."

④ 모든 "영적 훈련"들은 거룩한 습관이 되어야 한다.

"훈련"이란 말은 "몸에 배이게 한다"는 뜻이 있다. 앞에서 언급한 모든 "영적 훈련"들은 자연스럽게 성도들의 "거룩한 습관"이 되어야 한다. 그래야 그것이 영적 성장에 좋은 밑거름들이 될 수 있는 것이다.

"제자"라는 말은 영어로 "Disciple"이다. "Disciple"이란 말은 "Discipline"(훈련)이란 말에서 나온 것이다. 즉 예수님의 제자들은 영적 훈련을 통하여 거룩한 습관을 몸에 익힌 사람들이란 말이다.

영의 사람이 되는 비결이 따로 있는 것이 아니다. 거룩한 습관이 우리 몸에 배어야 하는 것이다. 부지런히 교회의 모든 집회에 참석하는 습관, 날마다 시간을 정하여 놓고 성경을 읽으며 묵상하고 기도하는 습관, 날마다 모든 일에 하나님께 감사를 드리는 습관, 주님의 일에 몸을 적시어 봉사하는 습관, 나의 삶의 귀중한 부분을 성별하여 주님께 헌신하는 습관. 이러한 습관들은 바울의 말을 빌리자면, "열심을 내서 부지런히 일하며, 성령으로 뜨거워진 마음을 가지고 주님을 섬기는" 거룩한 습관들인 것이다.

"생각을 심으면 행동을 거두고, 행동을 심으면 습관을 거두고, 습관을 심으면 성품을 거두고, 성품을 심으면 운명을 바꾼다"는 말이 있다. 좋은 습관을 갖겠다는 생각과 결단이 결국에 가서는 사람의 운명을 바꾸게 된다는 말이다.

영성이 저절로 자라는 것이 아니다. 거룩한 신앙의 좋은 습관들을 몸에 익히겠다는 간절한 생각과 결단이 있어야 한다. 그리고 어렵지만 실천해야 한다. "눈물을 흘리며 씨를 뿌리는 자는 기쁨으로 거두리로다. 울며 씨를 뿌리러 나가는 자는 반드시 기쁨으로 그 곡식 단을 가지고 돌아오리로다" (시편 126:5-6). 눈물을 뿌리며 씨를 뿌리고 정성으로 가꾸어 영적 성장의 신령한 기쁨을 누리실 수 있기를 간절히 바란다.

C. 토론 주제

1. 참 "영의 사람이 된다"는 의미는 무엇인가?

2. "영의 사람"이 되기 위하여 어떠한 노력을 구체적으로 하고 있는가?

집사 훈련 교재

제 Ⅴ 부
지도자

김정호 목사

집사 훈련 교재

들어가는 말

하나님은 하나님의 일을 위해 교회를 세우셨다. 예수님의 이름으로 모이는 모든 교회는 하나님의 일을 하기 위해 세움 받았다. 연합감리교회의 존재목적은 "예수 그리스도의 제자 만들기"이다. 제자는 기본적으로 예수님의 복음으로 변화되어 예수님 말씀에 따라 사는 사람이다.

교회 지도자는 우선 예수님의 제자가 되어야 한다. 이 목적을 위해 "그리스도의 선물의 분량대로 은혜"(에베소서 4:7)를 받아서 직분자로 세움 받은 것이다. 직분자의 사명은 "성도를 온전하게 하며 봉사의 일을 하게 하며 그리스도의 몸을 세우"기 (에베소서 4:12) 위해 하나님이 세워 주신 것이다. 요한 웨슬리 목사도 성경적 경건을 제시하면서, 개인적 경건으로 예수님을 그리스도로 고백하는 은혜의 삶과 사회적 경건으로 예수 사랑을 실천하는 사랑의 나눔과 섬김의 삶을 살면서 세상을 하나님의 나라로 만들어 가는 거룩한 사명을 가지고 감리교회가 존재하기를 바랐다.

이 세상을 구원하는 소망은 예수 그리스도의 생명과 사랑의 복음을 증거하는 교회에 있다. 하나님의 일을 위해 세움 받은 직분자들은 세상구원의 소망을 담은 교회를 강건하게 세우기 위해 겸손하게 배우고, 충성되게 섬기는 지도자가 되어야 할 것이다.

오늘날 많은 교회들이 부흥하기를 소원하고 있다. 그러나 부흥(Revival)은 사람들이 노력한다고 해서 이루어지는 것이 아니다. 부흥은 전적으로 하나님의 주권적인 역사이다. 하나님 말씀의 선포와 기도를 통해 오는 하나님의 선물이 바로 부흥이다. 지도자들은 하나님이 일으키시는 부흥의 걸림돌이나 장애가 되지 않고 부흥의 역사에 순종해야 한다. 교회 지도자들이 노력해야 하는 것은 갱신(Renewal)과 재활성(Revitalization)

이다. 갱신은 잃었던 것을 회복하여 제자리를 찾는다는 뜻이다. 이러한 의미에서 감리교회의 갱신은 감리교회의 존재목적을 회복하는 것이며, 지도자들은 이런 갱신으로의 초대에 응답해야 한다. 지도자들이 또 하나 노력해야 할 것은 재활성이다. 재활성이란 부흥과 갱신을 위해 성경적 원리에 근거하여 건강한 교회, 건강한 성도, 건강한 가정을 만드는 과정과 결과이다. 이것은 세움 받은 지도자들이 성도를 온전하게 하고 교회를 강건하게 하기 위해 배우고 훈련 받으며 헌신으로 수고해서 이루는 열매이다.

교회의 지도자들에게는 세상을 구원할 소망이 교회에 있다는 확신이 있어야 한다. 이 확신이 있어야 지도자로 세움 받은 것을 귀하고 거룩하게 여길 수 있다. 그리고 하나님이 교회에 일으키시는 부흥의 역사에 순종할 수 있다. 이 소망은 그리스도를 닮아가는 지도자들에게 있다. 하나님은 그가 쓰시려고 세우신 교회 지도자들을 통해서 교인들에게 감동과 꿈을 주는 비전을 제시하고 함께 주님의 몸 된 교회를 강건하게 세울 팀을 세우시기를 원하신다.

하나님이 세우신 지도자들에게는 하나님의 눈으로 세상을 보는 믿음이 있어야 한다. 세상만이 아니라 자기 자신도 하나님이 보시는 눈으로 볼 수 있어야 한다. 그래서 "내가 무엇을 할 수 있는가?"에 대한 관심이 아니라, "하나님이 무엇을 하시는가?"에 관심을 가져야 한다.

그래서 지도자들은 자기 자신에 대해 자신감을 잃었던 모세를 생각해 보아야 한다. 모세는 민족을 구원할 자신감이 없었지만, 하나님은 그를 필요로 하셨고, 그를 세우셨다. 하나님이 모세를 세우시면서 기본적으로 두 가지 질문을 하셨다. 첫째는, 불이 꺼지지 않는 떨기나무를 통해서 모세의 가슴속에 감추어져 있던 꺼지지 않는 불은 어떤 것인가? (What's in your heart?) 둘째는, 아무것도 가진 것이 없다는 모세의 생각과는 달리 그의 손에 있는 것은 무엇인가이다. (What's in your hand?) 하나님은 지도자들에게 나약한 자기 자신을 보기보다는 하나님이 그의 가슴속에 담아주시고 손으로 붙잡게 하신 그것을 보라고 말씀하시는 것이다. 이는 곧 하나님의 능력을 믿는 믿음으로 하나님의 일을 하는 것이다.

교회 변혁의 핵심은 평신도사역의 활성화라고 할 수 있다. 이것은 평신도들에게 주어진 사역의 권위와 사명을 뜻한다. 21세기 모델교회의 하나인 크라이스트연합감리교회(Christ UMC)를 부흥시킨 딕 윌스 (Dick Wills) 감독은 "교회의 부흥은 하나님이 우리들의 교회에 가지고 계신 그 꿈을 다시 꾸는 것이다." 라고 말한다. 하나님이 평신도들에게 가지고 있는 비전을 우리가 다시 꿈꾸고 일어날 때 우리 교회는 하나님이 마음껏 아름답게 쓰시는 교회로 거듭나는 것이다. 평신도 지도자들은 이런 꿈을 다시 꾸는 사람들로 세움 받은 것이다.

교회는 목적이 움직이는 교회가 되어야 한다. 이를 위해 교회는 하나님께 붙잡히는 지도자를 양육해야지, 지도자가 사람을 붙잡는 교회가 되기를 거부해야 한다. 그 사람이 하나님께 붙잡히도록 도와야 진정한 하나님께 붙잡힌 사람을 양육하는 교회가 될 수 있기 때문이다. 찰스 스탠리 (Charles Stanley) 목사는 크리스천의 "성공은 하나님이 원하시는 사람이 되기 위한 계속적인 발전이며 하나님이 당신을 위해 세워 놓으시고 도우시는 목적을 달성하는 것이다" 라고 말한다. 이는 하나님이 이 시대에 우리 한인연합감리교회를 세우시고 교회의 지도자로 부르셨을 때는 한 사람 한 사람에게 하나님의 소망이 있고, 목적이 있다는 것을 말해 준다.

1장
교회의 지도자란 누구인가?

교회의 지도자는 "선한 일을 사모하는 자"이다 (딤전 3:1). 지도자가 되려는 열망은 하나님이 주신 거룩한 야망이다. 믿음 안에서 하나님이 주시는 거룩한 꿈을 가지고 하나님에게 쓰임 받는 것은 잘못된 것이 아니다. 잘못된 것은 자신의 명예와 야망을 이루려고 하나님 중심이 되지 못하는 것이다.

교회 지도자는 영향력을 발휘하는 사람이다. 영향력이 없으면 지도자가 아니다. 지도자는 다른 사람들에게 주님을 따르도록 영향력을 발휘하는 사람이다. 문제는 교회를 세우는 선한 영향력인가, 아니면 교회를 쓰러뜨리는 악한 영향력인가 하는 것이다. 올바른 평신도 지도자는 그리스도의 몸 된 교회를 강건히 세우는 선한 영향력을 발휘하는 사명을 가진 이들이다. 그 사명은 자기가 영향을 끼쳐야 하는 교인들을 하나님의 목적을 향해 이끌어 가는 것이다.

교회 지도자는 하나님의 능력을 받아야 한다. 능력이 없는 지도자는 교회를 무능력하게 만들고 혼돈에 빠지게 한다. 하나님의 능력을 받기 위해서는 말씀과 기도에 열심을 내야하고, 하나님의 능력이 필요하기 때문에 겸손해야 한다. 지도자에게 필요한 것은 인간의 능력(ability)이 아니라, 하나님께 쓰임 받으려는 헌신의 자세(availability)가 필요한 것이다. 세상적인 능력은 교회의 덕을 세우지 못하고 깨뜨리기가 쉽다. 그렇기 때문에 지도자는 하나님이 주시는 능력을 겸손하게 간구해야한다. 또한 모든 능력은 하나님의 목적을 위해 쓰고자 하는 믿음의 헌신에 바탕을 두어야 한다. 지도자는 지위를 권위로 여기는 생각을 버리고, 하나님이 주시는 은사와 능력으로 교회를 위해서 구체적으로 쓰임 받는 일꾼(servant, minister)이 되어야 한다.

피터 와그너(Peter Wagner)는 "리더십이란 장래를 향한 하나님의 목적을 목표로 삼고 그 목표를 자발적이고 기쁜 마음으로 성취할 수 있도록 다른 사람들에게 전수시킴으로 하나님께 영광을 돌리게 하는 하나님이 주신 특별한 능력이다" 라고 말한다. 진정한 리더십은 하나님의 목표를 위해서 일하는 것이지 자신의 욕심을 채우기 위하여 일하는 것이 아니다. 따라서 참된 지도자는 리더십이 하나님께 영광을 돌리기 위해서 하나님이 주신 특별한 능력임을 겸손하게 인정해야 한다.

베드로는 "각각 은사를 받은 대로 하나님의 여러 가지 은혜를 맡은 선한 청지기 같이 서로 봉사하라"(벧전 4:10)고 권면했고, 바울도 "사람이 마땅히 우리를 그리스도의 일꾼이요 하나님의 비밀을 맡은 자로" (고전 4:1) 여기라고 하였다. 지도자는 사명을 위임받은 청지기요, 하나님의 비밀을 맡은 일꾼들이다. 따라서 지도자는 자기가 책임 맡은 일에 대한 평가를 반드시 받아야 할 때가 온다는 것을 알아야 한다. 바울이 "우리 안에 거하시는 성령으로 말미암아 네게 부탁한 아름다운 것을 지키라"(딤후 1:14)고 디모데에게 말한 것 같이 지도자들은 자기에게 주어진 사명을 거룩하게 여기고 지켜야 할 것이다.

교회 지도자는 만들어지는 사람이다. 섬김의 지도자이기 때문에 하나님의 손으로 만들어지는 것이다. 교회 지도자는 사람들을 장악하려는 통치자(Ruler)가 아니며, 사람들을 관리하는 관리자(Manager)도 아니다. 교회 지도자는 섬기는 자세로 성도들을 예수님에게로 이끄는 사람이다. 그러므로 교회의 지도자들은 나보다 남을 낮게 여기는 겸손함을 가지고 함께 배워가는 자세로 이끌고 섬겨야 하는 것이다.

2장
각 분야에서 배우는 리더십

1. 복음서에서 배우는 리더십

복음서가 말하는 지도자는 종 (마가복음 10:42-45), 목자 (요한복음 10:7-15), 청지기(누가복음 12:42-48)이다.

1) 교회 지도자는 예수님 말씀에 순종해서 섬기는 종으로서의 리더십이다. "너희 중에 누구든지 크고자 하는 자는 너희를 섬기는 자가 되고 너희 중에 누구든지 으뜸이 되고자 하는 자는 모든 사람의 종이 되어야 하리라" (막 10:43-44).

2) 선한 목자에게 주어지는 헌신적 돌봄의 리더십이다.

"나는 선한 목자라 선한 목자는 양들을 위하여 목숨을 버리거니와" (요 10:11). 선한 목자는 양들을 돌보고, 보호하고, 그들에게 풍성한 꼴을 먹이는 능력이 있어야 한다. 그리고 예수님과 같이 교회를 위해 십자가를 지는 헌신이 요구된다.

3) 청지기의 리더십이다.

"각각 은사를 받은 대로 하나님의 여러 가지 은혜를 맡은 선한 청지기 같이 서로 봉사하라" (벧전 4:10).

2. 연합감리교회의 가치관에서 배우는 리더십

연합감리교회에서 가장 중요하게 생각하는 가치관은 요한 웨슬리가 제시한 "본질에는 일치, 비본질에는 자유, 모든 일에 사랑으로" (In Essentials Unity, Non-Essentials Liberty, In All Things Charity)이다. 그런데 많은 교회들의 문제는 본질적인 문제보다는 비본질적인 문제에 있어서 일치를 가져오려고 하는 데서 문제가 생긴다. 생각은 서로 달라도 예수 그리스도 안에서 하나가 되는 일치가 중요하다. 이것이 연합감리교회가 제시하는 '다양함 속에서 일치'(Unity in Diversity)인 것이다. 이와는 달리 획일적(uniformity)인 사고방식은 공동

지도자

체의 발전을 저해하는 요소이다. 지도자는 일치와 획일의 차이점을 분명하게 구별해야 한다.

3. 베네딕도 (Benedict) 영성에서 배우는 리더십

로마 가톨릭 베네딕도 (Benedict) 수도원 전통에서 제시하는 지도자의 덕목은 다음과 같다.

1) 경청(Listening)이다. 영적으로 진실한 것에 귀 기울이는 것을 말한다.

2) 겸손(humility)이다. 겸손은 무엇보다 하나님이 하나님 되시도록 인정해 드리는 것이고, 순종하는 것이다. 지도자에게 있어서 자기가 하나님처럼 생각하고 행동하는 것은 가장 위험한 노릇이다. 어느 누구도 하나님의 이름을 빌어 행하려는 어떤 권위주의를 인정하면 안 된다.

3) 공동체(community)를 귀하게 여기는 것이다. 함께 일하고 사랑하고 섬기고 나누는 것이다. 아무리 우수한 사람이라도 교회 공동체의 지혜와 능력을 무시하면 공동체의 덕을 깨는 것만이 아니라 교회가 예수 그리스도의 몸이라는 것을 망각하는 것이다.

4) 환대(welcoming)이다. 사람을 차별하지 않고 환영하는 것이다. 교회에서 사람을 배척하는 것이 아니라 모든 사람이 들어오도록 초대하는 것이다. 어느 누구도 하나님의 사랑과 예수 그리스도의 은혜에서 배척당하는 일이 없어야 한다. 교회 공동체에서 서로가 예수 그리스도를 대하듯 해야 하는 것이다.

4. 손자병법에서 배우는 리더십

손자병법에서 지도자의 덕목은 다음과 같다.

1) 지(wisdom)이다. 여기서 말하는 지는 자기에게 주어진 일이 무엇인지 파악하는 분별력이다. 이것은 문제를 만드는 능력이 아니라, 문제를 해결하는 능력이다. 지도자에게 가장 중요한 덕목은 하나님의 뜻을 헤아리는 분별력이다.

2) 신(sincerity)이다. 지도자들은 따르는 사람들로부터 신뢰를 받아야 할뿐만 아니라, 지도자를 따르는 사람들에게 신뢰감을 주어야 한다.

3) 인(benevolence)이다. 지도자는 다른 사람들의 필요를 알아서 돌보아 주고, 함께 아파하며 기뻐하고, 무엇보다 너그러운 마음으로 섬기는 자세가 요구된다.

4) 용(courage)이다. 교인들을 불안하게 만들고 사기를 꺾어놓는 그런 무책임한 지도자가 아니라, 용기를 주어 마음을 안정시키고 믿음으로 승리하도록 안내하는 능력이다.

5) 엄(strictness)이다. 이것은 정의를 말한다. 옳고 그름에 대한 질서를 말한다. 사사로운 개인의 감정과 이익관계로 좌지우지 하는 것이 아니라 교회의 질서를 지키기 위해서 바른 판단과 결정을 실천에 옮기는 능력이다.

5. 경영 철학에서 배우는 리더십

1) 벤처회사 홈즈(Venture Homes)가 완전을 향하는 질의 향상 프로그램 (Total Quality Management Program)

벤처회사 홈즈는 2000년도 경영에 있어서 미국 최고의 평가를 받은 회사인데, 이 회사의 세 가지 원칙은 고객의 필요에 초점을 맞추라, 지속적으로 개선하라, 그리고 모든 직원들을 참여시키라는 것이다. 이와 같은 원칙을 교회에 적용한다면 지도자는 평신도들의 관심을 살피고, 그들과 함께 하나님께 영광을 돌리고, 교회 공동체의 발전을 위해서 지속적인 개선 노력과 더불어 평신도들을 이 과정에 참여시키는 방법을 적극적으로 모색해야 한다.

2) 마이크로소프트(Microsoft)사의 모토

마이크로소프트사의 모토는 "끌어안고 확장하기"(Embrace and Expand)이다. 동양적인 표현으로는 온고지신(溫故知新)이다. 지도자는 과거를 귀하게 여기면서 새로운 발전을 위해 새로운 변화를 수용하는 능력을 갖추어야 함을 강조하는 말이다.

지도자   115

3) 카네기(Carnegie)의 인간관계론

데일 카네기(Dale Carnegie)는 그의 책 *카네기 인간관계론* (*How to Win Friends and Influence People*)에서 사람을 움직이게 하는 세 가지 방법을 제시한다. ① 비난, 비평, 불평을 하지 말라는 것이다. 따라서 리더로서의 역량을 알아보려면 자신을 반대하는 사람들을 어떻게 다루는지를 보면 된다. 만약 그가 반대하는 사람과 똑같이 비난한다면, 그는 그저 그런 리더에 불과한 경우가 많다. 하지만 자기를 반대하는 사람들에 대한 비난이나 비판, 불평을 스스로 절제하려고 노력한다면 그는 탁월한 리더일 가능성이 높다. ② 칭찬과 감사를 표현하라는 것이다. 지도자는 다른 사람들을 움직이는 능력이 필요하다. 사람을 움직이는 가장 중요한 능력 가운데 하나는 사람들 스스로가 최고의 가능성을 개발하도록 격려하는 것인데 그것의 가장 효과적인 방법이 바로 칭찬과 격려이다. ③ 다른 사람들의 열렬한 욕구를 불러일으키라는 것이다. 교회 사역도 그러하다. 바울은 이를 '심령의 매임'이라고 한다. 지도자는 강요하는 사람이 아니라 감동을 주어 사역에 대한 거룩한 소명을 불러일으키는 능력을 소유해야 한다.

4) 삼성그룹 이건희 회장의 '지도자가 해선 안 될 것'

과감한 인재등용과 인력관리를 통해서 삼성그룹을 굴지의 기업으로 성장시킨 이건희 회장은 변화의 시대에 진정한 리더십을 발휘하기 위해서는 다음과 같은 일들을 하지 말아야 한다고 말하고 있다.

① 숫자를 중시하고 쫀쫀하게 작은 것만 챙기지 말라. ② 거짓말을 하지 말라. ③ 같은 실수를 반복하지 말라. ④ 발상의 차원을 낮추지 말라. ⑤ 직함에 안주하지 말라. ⑥ 자기에게 충성을 요구하지 말라. ⑦ 실패할 경우를 대비해 핑계거리를 생각해 두지 말라. ⑧ 부하나 타인의 공적을 가로채지 말라. ⑨ 사내 정치에 정신을 팔지 말라. ⑩ 사람을 키워야지 소모품으로 여기지 말라.

교회 지도자에게 필요한 리더십의 훈련

리더십이란 자기에게 맡겨진 공동체의 실제적인 필요를 채우기 위해 건전한 목표를 향하여 그 공동체가 나아갈 수 있도록 영향력을 의도적으로 행사하는 것이다. 이를 염두에 둘 때 아래와 같은 리더십에 대한 훈련이 오늘 우리 교회에 요구된다.

1. 회의를 하거나 사역할 때 획일적인 리더십보다는 의견이 다르더라도 주의 몸 된 교회를 건강하게 더불어 살아갈 수 있도록 이끄는 열린 마음을 가질 것.

2. 교회의 현실을 객관적으로 보지 못하고 자기 정당화에 집착하는 리더십에서 계속적인 발전을 도모하기 위해 변화를 두려워하지 않고 객관적인 평가를 환영하며 겸손하게 잘못을 인정하고 변화하려는 성숙한 생각과 태도를 가질 것.

3. 근시안적인 눈에서 장기적인 비전을 바라볼 것.

4. 항상 열심히 배우려는 겸손을 지향할 것.

5. 교회 직원들이나 사역자들을 소모품으로 여기는 생각을 버리고, 그들에게 성장할 수 있도록 기회를 제공하며 사람을 귀하게 여기는 마음을 가질 것.

6. 자기 잘못을 겸손하게 인정할 수 있고 동시에 다른 사람의 잘못을 너그럽게 이해할 수 있는 넓은 아량을 가질 것.

7. 문제에 대한 책임전가에서 문제 해결을 위한 시스템의 변화를 꾀하는 분별력 있는 책임감을 가질 것.

8. 직분에 대한 권위를 행하는 것보다는 연약한 사람을 강건하게 세우기 위해 하나님으로부터 주어진 능력을 발휘하는 사랑을 행할 것.

9. 중요한 결정을 자기가 내려야 한다는 아집에서 다른 사람도 의사결정을 할 수 있도록 돕는 공동체 존중 정신을 가질 것.

10. "본질적인 것에는 일치를, 비본질적인 것에는 자유를, 그리고 모든 일을 사랑으로"의 가치관을 가질 것.

4장
교회 지도자의 역할

1. 팀을 세우는 지도자가 되라

　지도자들은 교회가 하나님의 거룩한 일에 승리하는 팀이 될수 있도록 팀을 세우는 이들이 되어야 한다. 팀을 세우기 위해목회자는 물론 교인들이 서로에게 주어진 장점을 극대화(Maximizing strengths)시키고 약점을 최소화(Minimizing weaknesses)시키는 역할이 요구된다. 일반 교인들, 특별히새신자들은 목회자나 교회의 장점을 보고 따르고 단점을 보면실망하지만, 지도자들은 목회자나 교회의 장점을 발견하고 활용할 수 있도록 도와야 할뿐만이 아니라, 약점도 끌어안고 때로는 덮어주며 함께 개선을 위해 도와야 한다. 지도자들은 팀을 세우기 위해 어떤 것들이 팀 사역을 방해하는지 잘 판단해야 한다.

　이러한 판단에 도움을 주기 위해 Hans Finzel은 "리더가 저지르기 쉬운 10가지 실수"(The Top Ten Mistakes Leaders Make)에서 다음과 같이 요약정리하고 있다.

　1) 무조건 명령하지 말라 (명령 하달식 리더십).
　2) 사람을 우선에 두라 (사람을 무시한 업무추진).
　3) 계획 없이 일하지 말라 (목적, 비전, 청사진 부재).
　4) 도전자를 위한 공간을 만들라 (도전의 불씨 제거).
　5) 독불장군이 되지 말라 (독재적인 의사결정).
　6) 믿고 맡겨라 (권한 위임의 철회).
　7) 온 마음으로 대화하라 (대화의 단절).
　8) 함께 나아가라 (협력문화의 부재).
　9) 사람을 키우라 (후계자가 없는 성공).
　10) 꿈꾸는 자가 되라 (모호한 미래 청사진).

승리하는 팀의 지도자는 궁극적인 승리가 무엇인지 알아야한다. 우리는 야구 경기에서 공을 많이 때린다고 이기는 것이아니라는 것을 안다. 시합에서 이기는 팀이 되려면 타자가 1, 2, 3루를 밟고 홈베이스로 들어오는 선수의 숫자가 많아야 한다. 이와 같이 교회도 목적이 분명해야 세상과의 영적인 싸움에서 승리하게 된다. 그리고 선수마다 자기 위치를 지키고 역할을 잘 감당할 때 팀이 승리할 수 있는 것처럼 교회에서도 각자의 자리에서 주어진 달란트를 최대한 활용할 때 그 교회는건강하게 성장할 수 있게 된다.

2. 본질적인 것에 집중하는 지도자가 되라

요즘 가장 영향력 있는 교회 가운데 하나로 떠오르는 아틀란타의 노스포인트교회 (North Point Community) 앤디 스탠리 (Andy Stanley) 목사가 쓴 *7 Practices of Effective Ministry* 에서 강조하는 것이 바로 본질적인 목회의 승리를위해서는 비본질적은 것들을 포기하라는 것이다. 그가 제시하는 일곱 가지를 요약하면 다음과 같다.

1) **"교회에게 있어서 승리가 무엇인가?"** (Clarify the Win). 이는 교회의 사역 목적을 분명히 하자는 것이다. 교회에서 반드시 하지 않아도 될 일들은 정리하고 새로 시작해야 할것들은 과감히 시도하라는 것이다. 모든 사람을 만족시키는 목회는 불가능할 뿐 아니라 건강하지 못하기 때문이다. 그리고아무리 사람들을 만족시킨다 하여도 예수님과 무관한 일로 열심이라면 승리하는 팀으로서의 교회가 될 수가 없다.

2) **"프로그램 운영이 아니라 목적을 향한 과정이 중요하다"** (Think Steps, Not Programs). 교회 프로그램들은 일회적인것이 되면 안 되고 그 모임의 의도성이 있어야 한다는 것이다. 같은 것의 반복이 아니라 발전에 대한 의도성이 있어야 한다.

3) "초점에 집중하라" (Narrow the Focus). 한두 가지를 아주 잘하는 것이 중요하지 많은 것을 엉성하게 하면 안 된다는 것이다. 전문성과 특수성이 있어야 한다는 것이다.

4) "말을 많이 하지 말라" (Teach Less for More). 이것은 너무 많은 정보를 한꺼번에 제공하지 말라는 것이다. 오히려 적게 제공함으로써 큰 성과를 가져오는 역설적인 진리를 터득하라는 것이다. 그래서 교회 주보에도 많은 것을 담지 말라고 제시한다. 광고시간도 지루하게 많은 것을 말하지 말라고 한다. 꼭 필요한 사람들에게 집중해서 잘 준비된 내용으로 말하라고 한다.

5) "교회 밖 사람들의 필요와 현실에 민감하라" (Listen to Outsiders). 교회 내부에 있는 사람들의 관심에만 집착하지 말고 우리가 영향을 주기 원하는 외부 사람들의 말을 귀 기울여 들으라는 것이다. 이에 대해 스탠리 목사는 "목회의 관심을 내부에 있는 사람들 붙잡아 두려는 것에 두지 말고 교회 안으로 끌어들여야 할 외부의 사람들에게 집중하라"(Focus your efforts on those you're trying to reach, rather than on those you're trying to keep.)고 말한다.

6) "제자를 양육하라" (Replace Yourself). 미래를 위해 후임자를 준비하라는 것이다. 이것은 사역자들 자신이 하는 일을 교회가 성장함에 따라 다른 사람들도 할 수 있도록 자리를 내주고 기회를 주어 제자를 만들어야 한다는 것이다.

7) "개선을 위해 노력하라" (Work On It). 하고 있는 일을 한 발짝 뒤로 물러나서 점검하고 평가하라는 것이다.

지도자들은 교회의 궁극적인 '승리'가 무엇인가를 생각하고 '승리'에 이르기 위해서는 어떤 과정이 필요한가를 연구해야 한다. "무엇이 필요한가?"(What is the need?)를 묻지 말고, "우리 교인들이 어디로 가야하는가?"(Where do we want people to be?)를 생각해야 한다. 믿지 않는 사람들을 전도해서 믿게 하고 그들을 양육해서 다시금 어떻게 사역에 참여시킬 것인가를 생각하라는 것이다. 목적에 이르는 과정과 무관한 프로그램들은 오히려 방해가 된다는 것을 알아야 한다. 그리고 교회 어느 곳에서 복음으로 삶이 변하는 역사가 일어나는가를 파악하고 이를 위해 어떤 과정이 요구되는가를 지속적으로 연구해야 한다. 무엇보다 '승리'를 위해 필요한 몇 가지에 집중하고 불필요한 것들은 없애야 한다. 이를 위해 교회가 정말 장기적으로 최고가 될 가능성이 있는 것들에 집중하기 위해 적당히 잘하는 것들을 포기해야 한다. 그러나 오늘날 대부분의 교회들은 바쁘게 프로그램을 움직이는 것에 많은 시간을 소비하고 있다. 지금 당장은 잘하는 것으로 보일지 모르지만 장기적으로 교회가 최고최상의 가능성을 발휘하기 위해서는 '가지치기'가 필요한 것이다.

3. 긍정적인 사고방식의 지도자가 되라

앤디 스탠리 목사가 교회 사역팀을 운동팀으로 비교했다면, 캔사스 레저렉션교회 (The UMC of the Resurrection) 아담 해밀턴 목사는 그의 책 북극에서 수영복 팔기: 성장하는 교회의 7가지 비결 (Selling Swimsuits in the Arctic: Seven Simple Keys to Growing Churches) 에서 교회 지도자를 물건을 파는 세일즈맨으로 비유하고 있다. 해밀턴 목사는 21세기 초반 감리교 부흥역사의 선두주자 가운데 한 사람으로 그가 제시하는 지도자가 갖추어야 할 덕목 일곱 가지는 다음과 같다.

1) 파는 물건에 대한 확신이 있어야 한다.

2) 사람들이 우리가 파는 물건이 꼭 필요하다는 확신이 있어야 한다.

3) 그들이 무엇을 필요로 하는지 잘 알아야 한다.

4) 최상의 상품을 제공해야 한다.

5) 파는 상품을 세일즈맨들이 자기들도 생활에서 확신을 가지고 써야 한다.

6) 상품 판매를 위한 마케팅을 효율적으로 해야 한다.

7) 어떤 어려운 난관에 부딪쳐도 포기하지 않는 인내가 있어야 한다.

물론 교회가 팔아야 할 물건은 예수 사랑과 생명의 복음이다. 교회 지도자들이 이런 철저한 세일즈 정신이 있어야 복음을 담대하게 증거 할 수 있게 된다.

4. 남을 조정하기보다는 섬기는 지도자가 되라

오래 된 교회일수록 교회 안에서 기득권을 갖기 위해서 지도자들이 당파를 짓고 새신자들에게 무관심하게 될 경우가 많다. 이런 교회는 성장할 리가 없다. 그러나 지도자들이 낮은 자리에서 교회를 섬기는데 모범을 보이면 그 교회에 처음 들어오는 이들도 자연스럽게 섬김의 생활에 익숙해질 것이고, 그로 인해 교회가 자연 성장하는 기틀을 갖추게 된다.

5. 정책 결정자가 아니라 예수님의 제자가 되라

교회에서 비효율적인 회의가 너무 많으면 문제가 된다. 특히 회의에서 의견충돌이라도 생기면 교회를 세우느라 수고한 정성과 헌신이 하루아침에 무너지는 결과를 가져온다. 그래서 지도자들은 자기의 임무가 정책을 결정하는 사람이라기보다는 교회의 존재목적인 "예수 그리스도의 제자 만들기"에 기반을 두어야 한다. 그러기 위해서는 무엇보다 제자 되는 훈련과정이 없이 지도자를 세우는 잘못이 없어야 한다. 교회의 정책은 예수의 제자 되기로 헌신된 성도들이 참여하는 과정이 되어야 한다.

6. 획일이 아닌 일치를 추구하는 지도자가 되라

획일은 한 가지 방법만을 고집하는 것이다. 그러나 오늘날 다양한 생각과 인종이 어우러져 있는 현대교회에서는 다양성이 존중되어야 한다. 이것은 미연합감리교회가 가지고 있는 중요한 장점 중의 하나이다. 요한 웨슬리도 예수 그리스도를 사랑하는 가슴을 다른 무엇보다 중요하게 여겼다. 웨슬리는 각 사람의 신앙과 인격을 존중하였던 것이다. 따라서 지도자는 일하는 스타일이 다르고 생각에 차이가 있더라도 획일이 아니라 일치를 이루도록 노력하는 것이 필요하며 그럴 때 공동체가 건강하게 세워지는 것이다.

7. 운영이 아닌 신앙의 성장을 추구하는 지도자가 되라

오늘날 이민교회에 가장 필요한 것은 신앙의 성장이다. 물론 합리적인 교회운영 또한 교회 지도자들에게 필요한 것이지만, 그 무엇보다 우선시되어야 할 것은 성도들의 신앙성장에 관심을 가져야 한다. 특별히 교회운영이 어려울수록 신앙성장의 중요성은 더욱 명확해진다. 교회 지도자들은 헌금이나 출석이 줄게 되면 교회운영에 긴장을 하게 되고 때때로 갈등을 야기하기도 하는데 이럴 때일수록 지도자들은 교회의 존재목적(meaning)을 재확인하고 목회(ministry)와 선교(mission)에 더욱 힘써야 한다. 이것이 제대로 될 때 비로소 교회운영이 순조롭고 교회가 건강하게 성장하게 되는 것이다.

8. 교회법이나 운영의 전문가가 되기보다는 성령의 은사를 발휘하는 지도자들이 되라

교회를 운영하다 보면 교회법이나 운영에 전문가들이 절대적으로 필요한 때가 있다. 그러나 이민교회는 한국식 운영과 미국식 운영의 혼동이 많고, 교단법에 대해 대다수의 교인들이 익숙하지 않기 때문에 법과 운영방식을 앞세우기 시작할 때 항상 문제가 발생하게 된다. 특별히 미연합감리교회에 소속된 한인교회들에게 있어서 이러한 문제가 많이 발생한다. 너무나 방대한 교단의 조직과 운영구조 때문에 영어에 능하고 교단 일에 많이 관계한 일부 사람들이 아니고서는 교단이나 교회의 결정 구조에 참여하기가 어려운 것이 현실이다. 대부분의 한인교회들은 신앙적인 지도력보다는 행정적인 지도력이 앞서는 교인들이 개체교회의 중요한 결정권을 가지고 있다. 그렇기 때문에 교회의 지도자들은 성령의 은사를 발휘하는 지도자들이 되어야 하며 부족한 것은 서로 보완하고 존중하는 풍토를 조성하여야 한다.

5장

교회 지도자의 권위를 세우는 것들

교회의 지도자는 비난과 비평을 받을 준비가 항상 되어있어야 한다. 그리고 건강한 평가를 이끌어 낼 수 있는 성숙성이 있어야 한다. 한인교회의 지도자들은 아직도 진정한 의미에서의 권위보다는 권위주의를 수호하고 있는 사람들이 많다. 권위의 참다운 정의는 "힘이 없는 이들에게 힘을 주기 위해 가지는 힘"이다. 지도자는 열린 자세로 자신을 객관화 할 줄 아는 능력과 비평을 긍정적으로 수용할 수 있는 성숙한 인격이 필요하다.

1. 건설적인 비평(constructive criticism)과 파괴적인 비평(negative criticism)의 차이를 분별(discern)하는 것

지도자에게는 건설적인 비평과 파괴적인 비평을 분별할 수 있는 분별력이 필요하다. 그리고 파괴적인 비평을 건설적인 비평으로 전환시키는 능력 또한 필요하다. 제일 불행한 것은 지도자가 파괴적인 비평의 피해자가 되어 그 자신은 물론 교회까지 지도 어렵게 만드는 경우이다. 대개 사람들이 지도자를 비판하는 데는 몇 가지 이유가 있다.

1) 지도자 스스로가 잘못하였을 경우.
2) 다른 사람이 지도자가 잘못했다고 생각할 경우.
3) 다른 사람이 자기 자신의 문제를 가지고 지도자에 뒤집어씌울 경우 등이다.

이러한 경우 비판이 정당화되려면 사람을 비난하는 것이 아니라 문제 자체를 지적해야 하고, 애매모호하기보다는 구체적이며 설명적이어야 한다. 상대방이 부당하게 비난하거나 무례하게 행동할 때 지도자는 이에 대해 지혜롭게 대처해야 한다.

① 부당한 비난에 분노로 대응하지 말고 문제를 정리하라.
② 비판하는 사람의 감정이 지나가도록 기다리라.

③ 비판하는 사람에게 당신이 이해하려고 노력하고 있음을 알리라.

④ 비난하는 이에게 무례한 언행이나 파괴적인 비난은 용납하지 않을 것임을 분명히 하라.

⑤ 문제가 즉시 해결되리라 기대하지 말라. 이러한 과정과 분별력을 통해 지도자의 권위가 자연스럽게 세워지는 것이다.

2. 직책에 대해서 너무 심각하게 생각하지 않는 것

지도자가 본분을 망각하는 관계로 교회가 어려움에 빠지게 되는 경우가 종종 있다. 지도자의 본분은 섬김의 자세이다. 지도자는 머슴과 같은 청지기이다. 청지기는 자신의 본분을 지키는 것이 무엇보다도 중요한 것이다. 여기서 지도자가 자신의 직책에 대해서 너무 심각하게 생각하지 말라는 것은 은혜의 사람이 되어야 한다는 말이다. 어떠한 직책이든 하나님의 은혜로 세움 받았다는 사실을 기억할 때 하나님께서는 지도자의 권위 또한 세워주신다.

3. 목적에 충실하게 하는 것

지도자는 쓰임이 있어서 세움을 받은 사람들이다. 미국 속담에 "싸움에서는 이기고 전쟁에서는 진다"는 말이 있는데, 지도자는 목적을 달성하기 위해 본질과 비본질을 구별해서 싸워야 할 것과 양보해야 할 것을 분별할 줄 알아야 한다. 때로 교회에는 구제가 불가능한 문제를 만드는 파괴적인 사람들이 존재한다. 이런 사람들 때문에 교회 전체가 부정적인 분위기를 갖지 않도록 해야 하고, 더 나아가서 이들까지도 예수 그리스도의 사랑으로 품으며 도저히 안 되는 경우에 성령의 도우심을 간구해야 한다. 그러나 무엇보다도 부정적인 비판으로 인해 지도자 자신이 그것에 묶여서 교회를 연약하게 만드는 큰 과오를 범하지 말아야 할 것이다. 지도자가 비판에 얽매이지 않고 목적에 충실할 때 지도자의 권위가 세워지게 된다.

4. 비평자에 대해 인내하는 것

영어로 책임을 responsibility 라고 한다. Responsibility는 response("반응")와 ability("능력")의 합성어이다. 말하자면 비평과 비판에 대응하는 능력이다. 지도자는 비평과 비판에 자신이 어떻게 반응할지를 알아야 한다. 영어로 "Don't take it personally."(개인적으로 받아들이지 말라)는 말이 있듯이, 지도자는 자신을 객관화하는 능력과 공동체의 건강을 위해 인내하고 양보할 수 있는 성숙성이 있어야 한다. 교인들은 지도자들이 비판자들을 어떻게 대하고 있는지를 바라보고 있다. 비판에 대응하기 위해서 시간이 필요한 경우도 있고, 지도자들이 직접 관여하지 않아도 되는 경우도 있다. 무엇보다 많은 경우에 비판의 내용이 틀렸다는 것이 증명될 시간을 기다리는 인내가 요구될 때가 많다. 그렇기 때문에 비평을 감당할 능력을 강화하기 위해서 영육 간에 강건함을 유지해야 한다. 지도자는 스트레스 해소, 적당한 운동, 적절한 휴가, 여가선용 등을 통해 몸과 마음과 영혼을 강건하게 만들기 위한 자기 돌봄이 필요하다. 모든 면에서 건강한 지도자가 교인들에게 영향력을 발휘할 수 있다.

5. 비평을 기뻐하는 것

마지막으로 당신을 비난하는 사람이 없으면 기뻐하지 말라. 이는 당신이 하는 일이 남의 눈에 띄지 않거나 서시하기 때문에 아무도 신경을 쓰지 않는 것이다. 비평과 비난을 잘 분별하고, 그에 따라 적절하게 대응하는 능력을 소유해야 함은 물론 지도자는 사람들에게 자신이 하는 일을 분명하게 알려주어야 한다. 따라서 그 과정과 결과에 따른 칭찬과 책망의 소리를 들어야 한다. 지도자가 하는 일에 대해서 다른 사람들이 전혀 반응이 없다면 이미 그 지도자는 지도자로서의 권위를 잃어버린 것이다.

6장
교회 지도자의 문제 해결 능력

교회에는 지도자가 해결해야 할 문제들이 산적해 있는데, 그 문제들 가운데는 하나님이 그 교회를 위해 예비해 두신 선물들이 담겨있기도 하다. 어떠한 문제든 지도자는 해결할 수 있어야 하고 해결하려고 노력해야 한다. 다음의 내용은 지도자뿐만 아니라 누구든지 문제를 해결하는 데 있어서 도움이 되는 원칙들이다.

1. 문제가 무엇인지 파악하라 (Define The Problems)

지도자는 문제를 여러 관점에서 보아야 한다. 때로 문제는 보는 사람의 시각에 따라 다를 수 있지만, 아무리 작은 것이라도 무시하거나 소홀히 하지 말고 종합적으로 파악해야 한다.

2. 문제를 일으키는 요소들을 파악하라
(Discover the Contributing Factors)

어떤 것이 사실적인 문제인가? 누가 관계되는가? 왜 그러한가? 예전에는 이런 문제가 발생했을 때 어떻게 했는가? 현재에도 이 문제가 사실인가? 등 문제에 대해서 정확하고 자세하게 기록해 놓는 습관을 들여야 한다.

3. 모든 해결방안을 제시하라 (Brainstorm All Solutions)

의견이 다른 사람들도 포함하여 해결책을 모색할 사람들의 생각을 모아야 한다. 가능한 많은 사람들이 해결방안을 내어놓도록 해야 교회 전체가 용납하기 쉽다.

4. 결과를 여러 각도로 생각하라
(Explore the Consequences)

각 방안에 따른 이해득실을 지혜롭게 판단하고 가능한 문제 해결에 참여하는 사람들이 볼 수 있도록 기록하는 것이 좋다.

집사 훈련 교재

5. 가장 최선의 방안을 선택하라

(Choose the Most Desirable Alternative)

최선의 방안을 선택할 때 생각해야 하는 것들이 있다.

1) 시간적 요소이다. 얼마나 빨리 해결해야 하는가?

2) 인적 요소이다. 어떤 사람이 어떻게 영향을 받게 되는가?

3) 목회적 요소이다. 이것이 교회 목회에 관여되는 일인가? 어떻게 교회 사역이 영향을 받게 될 것인가?

4) 재정적 요소이다. 어떤 대가를 치러야 하는가?

6. 책임 맡은 사람을 정하고 해결을 위한 시간을 정하라

(Assign Responsibility and Set Target Dates)

문제에 대해서 책임지고 담당할 사람이 있어야 하고, 문제를 해결하기 위해서 단계별로 시간을 정해놓고, 문제가 완전히 해결되어질 때까지 중간 점검을 해야 한다.

7. 문제해결 방안을 실행에 옮겨라

(Carry Out the Solutions)

문제해결을 위해서 계획이 세워지면 곧바로 실행에 옮겨야 한다. 많은 경우에 결정을 해놓고도 실행하지 않는 경우가 교회에서 종종 일어나는데 이는 지도자가 교인들에게 불신을 받는 가장 큰 이유이기도 하다.

8. 문제해결을 평가하고 필요에 따라 다른 방안을 모색하라

(Evaluate Solution and Reformulate)

많은 경우, 평가를 소홀히 한다. 게다가 해결 방안이 실패해도 문제를 그대로 놔두고 지내기도 한다. 그러나 계속해서 최고최선의 문제해결 방안이 찾아질 때까지 성실하게 노력할 때 교회는 발전하게 된다.

7장
집사는 어떤 지도자가 되어야 하는가?

한인연합감리교회 전국연합회 평신도 신령상 직제 운영세칙에서 제시하고 있는 집사의 직무는 "친교, 전도, 교육, 봉사, 재정관리 등 교회의 직무를 분담 봉사한다"는 것이다. 그런 의미에서 집사는 주님의 몸 된 교회에서 가장 기본적인 손과 발의 역할을 담당하는 봉사직이다. 초대교회를 보면 복음이 증거되고 사랑의 나눔 가운데 구원받는 자들이 날로 늘어났다고 기록하고 있는데 바로 그 역사의 주인공들이 집사들이었다 (행 6:17). 무엇보다 집사의 역할은 돌보는 일이다. 집사들이 구제에 힘쓰고 교회 살림을 잘 감당할 때 초대교회 사도들이 기도와 말씀에 전념했고, 교회에 부흥의 역사가 일어났던 것과 같은 역사가 일어날 것이다.

1. 집사는 어떠한 사람인가?

1) **성령 충만한 사람이다.** 집사는 하나님의 방법으로 하나님의 일을 하는 사람이며, 성령의 인도하심에 겸손하게 순종하는 일꾼이다.

2) **지혜가 충만한 사람이다.** 집사는 거룩한 상식으로 사는 사람을 말한다. 세상적인 지식이 아니라, 하나님 말씀을 묵상하여 지혜가 충만한 사람이다.

3) **칭찬 듣는 사람이다.** 초대교회에서 복음이 흥왕하는 역사를 위해서 사람들에게 신앙인은 좋은 평가를 받아야만 하였다. 따라서 집사는 가난해도 정직하게 사는 사람, 많이 배우지 못했어도 남을 배려할 줄 아는 사람, 더러운 이(利)를 탐하지 않는 사람으로 사람들에게 칭찬받는 사람이었다.

4) **믿음이 충만한 사람이다.** 교회 지도자가 되려는 사람은 믿음으로 사는 사람이 되어야 한다 (행 27:25). 그리고 믿음을 적절히 사용할 줄 알아야 한다.

2. 집사는 어떤 자세로 사역해야 하는가?

돌봄의 자세가 중요하다. 성도를 온전케 하며 교회를 강건하게 돌보기 위한 분명한 목적이 있어야 한다. 몇 가지 돌봄의 자세를 아래와 같이 생각해 본다.

1) 일(work)이 아니라 사역(ministry)이라는 자세가 필요하다. 열심히 일을 해도 주님을 사랑하는 마음을 잃어버리면 안 된다. 구약에서 사무엘 선지자가 '순종'이 '제사'보다 낫다고 한 말씀이 그것이다 (삼상 15:22). 예수님도 마르다와 마리아를 통해 일에 앞서 주님과의 관계가 중요함을 말씀하셨다 (눅 10:39-40).

2) 자기를 세우기보다는 하나님의 영광을 드러내야 한다. 하나님이 기뻐하시는 방법으로 일하며, 함께 사역하는 동역자를 귀하게 여겨야 한다. 주님의 몸 된 교회를 위해 개인의 이기적인 목적을 버려야 한다. 열심히 일한다 해도 자기를 세우게 되면 마귀가 틈타기 쉽고 본인도 다른 이들도 쉽게 시험에 빠지게 된다. 성령의 인도하심에 순종해야 한다.

3) 사람에게 칭찬 받기보다 하나님 칭찬을 구해야 한다. 사람에게 너무 많은 기대를 하다보면 쉽게 실망하게 된다. 물론 사람의 칭찬이나 인정도 무시할 수는 없지만 돌봄의 자세의 근본은 하나님의 인정과 칭찬이다.

4) 억지로 하지 않고, 헌신하는 자세와 자원하는 심정으로 섬기고, 주장함이 아니라 겸손히 주님께 순종하는 자세로 섬겨야 할 것이다. 함께 연합하는 자세로 섬기고, 게으르지 않고 부지런하며, 신실함과 믿음과 소망 가운데 섬겨야 한다. 하나님이 하시는 일이기 때문이다.

3. 집사의 바람직한 생활태도는?

1) 집사는 단정하고 일구이언(一口二言)을 하지 않아야 한다. 집사는 행실과 외모에 있어서 단정하여야 하며, 결코 일구이언으로 불신과 의심을 불러일으켜서는 안 된다. 성도의 몸은 성령의 전인 줄 알아 술을 즐기고 담배의 인이 박히지 않도록 해야 한다. 삶과 행실에서 본이 될 때 칭찬받는 직분자가 되기 때문이다.

2) 깨끗한 양심과 믿음의 비밀을 가져야 한다. 내적으로는 깨끗한 양심, 그리고 외적으로는 하나님의 말씀을 담대히 선포할 수 있는 믿음의 비밀을 가진 자가 되어야 한다. 내외적으로 신앙이 일치할 뿐 아니라 모든 일에 충성스럽게 헌신할 수 있는 자가 되어야 한다는 것이다.

3) 자녀와 자기 집을 잘 다스려야 한다. 교회는 가정 같은 교회, 가정은 교회 같은 가정이 되어야 한다. 교회 일을 열심히 한다고 하면서 가정생활을 소홀히 하는 것은 바람직하지 못하다.

4. 집사가 교회에서 담당하는 기본적인 사역

1) 예배위원
① 예배를 위해 담임목사님이 그때그때 지시하는 것들을 준비한다.
② 예배의 성격과 특징들을 고려하고 예배가 자연스럽게 물 흐르듯이 진행되는데 어려움이 없도록 준비한다. 조명, 냉방, 난방, 방송 상태, 찬양 인도 및 성가대, 대표 기도자, 안내와 헌금위원 등 예배 환경의 전반적인 상태를 점검하고 돌아본다.
③ 성도들이 예배드리기에 불편함이 없도록 친절히 안내하고 돌아보며 즉각적으로 문제를 해결한다.

2) 헌금위원

헌금위원은 예배 중 성도들이 정성으로 준비한 헌금을 하나님께 드릴 때 질서 있게 드릴 수 있도록 돕는 귀한 일이다. 헌금위원의 역할을 잘 감당하기 위해 다음의 수칙들을 유념해야 한다.

① 예배시간 30분 전에 교회에 도착하여 담당 팀장의 출석 확인을 받고 명찰을 받는다.

② 담당 교역자, 팀장과 함께 자리에 앉아 유의사항과 지시를 받고 기도로 마무리한다.

③ 담당 교역자, 팀장과 함께 그날에 섬겨야 할 헌금 위치와 구역을 확인한다.

④ 헌금할 경우에는 자리에서 일어나 정해진 구역을 맡아서 봉사하되 헌금 주머니는 꼭 한 개만을 사용하고 헌금 진행시는 돌고 있는 헌금 주머니를 계속 주시해야 한다.

⑤ 헌금이 끝난 경우에는 바로 뒤로 이동해 헌금 주머니를 가지고 봉헌송영이 시작되면 가지고 나간다.

⑥ 헌금을 수거할 때 얼굴표정이 평안하고 밝은 미소를 유지한다.

⑦ 봉사할 때 보완해야 할 것이나 수정해야 할 것은 담당 사역자나 팀장에게 건의한다.

3) 안내위원

① 안녕하세요 / 반갑습니다 / 어서 오세요 라고 말하며 밝고 환한 미소를 띠며 인사한다.

② 어린이나 노인을 동반한 성도의 경우 친절하게 안내해 주어야 한다.

③ 안내위원은 성도들이 예배드리기에 불편하지 않도록 음향, 냉난방, 조명 등에 관심을 갖고 적절히 대처해 주어야 한다.

④ 혹시라도 어린이와 함께 예배를 드리기 원한다면 먼저 주의를 요구하고, 만약 예배시간에 방해가 되는 경우, 예배당에서 나와 다른 곳에서 예배드릴 수 있도록 안내한다.

제 VI 부
연합감리교회

곽철환 목사

집사 훈련 교재

들어가는 말

직분을 맡는 이에게 가장 중요한 자세는 그리스도를 중심으로 한 신앙생활과 사역, 그리고 섬김과 경건이다. 이 자세는 각자가 속한 교회를 살아 계신 그리스도의 몸으로 믿고, 자신이 맡은 자리에서 최선을 다하는 사역자의 전인적인 헌신을 뜻한다. 하나님께서 주신 달란트의 내용과 크기는 달라도, 함께 협력하고, 열심과 겸손으로 힘을 모아 교회를 통해 주신 소명을 일구어내는 것이 직분 맡은 이의 사명이다.

그리스도의 몸 된 교회를 위한 집사직분자로서 연합감리교회의 기본 신앙자세와 신학, 역사와 구조, 그리고 장정의 기본정신을 숙지하고 이해하고 있어야 교회를 섬기는 데 도움이 된다. 그리스도의 교회를 섬기는 일에 수많은 교단과 교회들이 참여하고 있지만, 우리가 속한 연합감리교회의 특별한 소명을 깊이 이해하고 각 교회의 사역현장에서 연합감리교회로서의 사명을 감당해야 한다.

특별히 이민교회의 사역을 감당하는 우리에게는 연합감리교회라는 큰 틀 안에서 한 지체로 사역하고 있다. 언어와 문화의 차이를 두고도 그리스도를 중심에 둔 사역의 공통점을 찾아가며 한인연합감리교회가 오랜 전통을 가진 연합감리교회와 파트너가 되어 사역하는 것은 하나님의 크신 은총이요, 감사할 조건이다. 한인연합감리교회의 열정과 경건의 자세, 그리고 연합감리교회의 조직력과 사회적인 저력과 영적인 부흥에 대한 갈망이 합쳐지면, 하나님께서 기뻐하실 열매를 맺는 교회가 되리라고 믿는다.

이러한 맥락에서 한인연합감리교회의 집사직분의 길을 걷는 이들로서 연합감리교회를 폭넓게 이해하는 것은 현실적이고도 시대적인 사명이라고 이해된다. 그 사명을 감당하기 위해 연합감리교회의 짧은 역사와 행정구조, 한인연합감리

집사 훈련 교재

교회의 역사 개요, 장정에 대한 기본적인 이해, 개체교회 행정과 사역의 구조 이해, 한인연합감리교회의 특수성에 대한 고찰, 신령직과 장정에 대한 관계 이해 등을 이 부분에서 다루려고 한다.

집사직분을 겸손한 마음으로 받으며 이 교재를 공부하는 모든 이에게 하나님의 은총과 직분을 감당할 수 있는 능력과 섬김의 자세가 함께 하기를 기도한다.

1장
역사

1. 요한 웨슬리와 영국국교회

그리스도께서 폭력과 죄로 물든 세상을 사랑으로 이기심으로써 우리의 신앙은 시작되었다. 하나님의 말씀은 육신을 입어 하나님과 동등하게 되심을 거부하시고 종의 몸을 입어 우리 가운데 함께 계시며 (빌립보서 2장), 가르치시고, 영원을 소망하시며, 고난에 동참하시며, 죽음에 이르시고, 부활하시고, 승천하시며, 지금도 성령으로 우리의 삶과 신앙의 중심에 계시다.

초대교회는 그리스도의 사랑으로 하나 되어 교회의 모습을 이루어 갔고, 로마 제국의 통치하에서도 계속 성장했다. 교회는 예수님을 구주로 삼는 결단과 소망 가운데 고통과 죽음으로 이어지는 박해를 이겨가면서 이 세상에서 참 소망으로 자리매김하다가 거대한 조직체로 변하기 시작했다. 그리스도를 중심으로 하던 교회는 점점 세상의 힘의 논리를 흉내 내기 시작하였고, 개혁과 힘의 유지라는 명제 속에서 시련과 혼돈을 거듭하며 수많은 세월을 지내왔다.

16세기에 이르러 불란서 가톨릭교회의 영향을 받던 영국인들에게 가톨릭교회는 그리 달갑지 않은 존재가 되었다. 그래서 영국은 1532년에 개혁의회의 결정으로 국왕 지상법을 제정 공포하고, 당시의 국왕 헨리 8세가 교회와 국가의 머리가 되는 전환점을 맞이하게 되었다. 그리하여 영국교회는 가톨릭교회에서 독립을 선언하게 되었고, 영국국교회가 시작되게 되었다.

이렇게 보면 영국교회는 교리적인 이유보다는 정치적인 이유에서 가톨릭교회에서 독립하게 되었고, 예배의 의식이나 교회의 행정전반을 영국의 실정에 맞게 다시 다듬게 되

전사 훈련 교재

었다. 국가가 성직자의 급료를 책임지게 되었고, 제도적으로 가톨릭교회와 자신들을 구분하는 일을 하게 되었다. 이런 역사적인 배경에서 감리교의 창시자인 요한 웨슬리가 1703년 6월 28일에 탄생하게 되었다.

2. 웨슬리와 미국감리교회의 시작

요한 웨슬리는 아버지 사무엘과 어머니 수잔나 웨슬리 사이에서 19명의 자녀 중에 15번째로 태어났으며, 그는 둘째 아들이었다. 요한은 영국국교회(지금의 성공회)와 청교도 간의 치열한 싸움과 도덕적으로 타락한 사회 속에서 어머니의 엄격한 경건훈련을 받아가며 신앙을 키워갔다. 1720년에 옥스퍼드 대학에 입학하였고, 1725년에 성공회의 목사 안수를 받았다. 대학을 다니면서 어머니에게 배운 엄격한 신앙생활을 토대로 어지러운 사회에서도 바른 신앙생활에 뜻을 두어 신성클럽(Holy Club)이라는 경건회를 만들고, 엄격하고 규칙적인 신앙생활을 통해 규칙주의자라(Methodist)는 별명을 얻었다.

요한 웨슬리는 1736년에 미국 조지아주에서 선교사로 사역을 시작하다가 실패하고 영국으로 돌아오는 길에 폭풍으로 인하여 죽음을 앞에 두고도 찬송을 부르며 경건한 시간을 갖던 모라비안 교도들에게 영적인 충격을 받았고, 그들로부터 계속 신앙의 도전을 받으며 신앙생활을 했다. 그러던 중에 1738년 5월 24일 올더스게이트에 위치한 모라비안 교회에서 뜨거운 영적 체험을 하고, 자신의 신앙상태를 열정과 헌신으로 전환하는 계기를 맞게 되었다.

웨슬리는 "세계는 나의 교구"라는 신념을 가지고 같은 영국 출신인 프란시스 에스배리(Francis Asbury)와 함께 미국에 와서 온갖 위험을 무릅 쓰면서 사역에 몰두했다. 그 당시 영국과 미국은 전쟁 중이서 영국의 왕당파에 속해 있던 웨슬리로서는 선교 현지의 미국인들 편에 서서 그들에게 복음을 전하는 일이 그리 쉽지 않았을 것이다. 마침내 1783년에 미국이 독립전쟁에서 승리하게 되었고, 미국감리교회(Methodist Episcopal Church)가 태동하게 되었다.

그리고 미국감리교회는 프란시스 에스베리와 요한 웨슬리가 파송해서 미국으로 건너온 유명한 설교가 토마스 콕 (Thomas Coke)이 웨슬리 부흥운동과 감리교회의 확장을 주도하며 신대륙에서 새로운 교단으로 자리를 잡아가고 있었다. 요한 웨슬리는 88세까지 살면서 정력적으로 복음을 선포하고 선교활동에 매진했었으며, 그의 동생 찰스 웨슬리와 죽음을 각오하고 함께 사역했던 이들의 열정으로 미국에서 웨슬리 부흥운동으로 시작되었던 감리교회는 계속 성장할 수 있었다.

2장
연합감리교회 구조와 사역내용

연합감리교회 구조와 사역내용을 이해하기 위해서는 두 가지 큰 틀을 이해할 필요가 있다. 그 기본 틀 중에 하나는 감리교회의 시작부터 지금까지 교회의 행정과 사역에 양축을 이루는 파송과 교회의 치리이다. 감독과 감리사들을 중심으로 교회를 하나로 묶는 치리는 교회의 현실적인 문제들을 다루는 것과 영적인 신앙의 과제들을 명시하고 도모하는 것으로 나누어 볼 수 있다.

또 다른 기본 틀은 감리교회로서의 모임들(Conference)이다. 총회, 지역총회, 연회, 지방회, 그리고 개체교회의 사안을 다루는 구역회 혹은 교인총회는 감리교회의 틀 중에 하나이다. 이러한 회의에서는 목사와 평신도 대표들이 모여서 교회의 현안을 다루고 결정사항들을 민주적인 절차로 이루어내고 실행하는 일들을 하고 있다 (Thomas Frank, *Polity, Practice, and the Mission of The United Methodist Church*, 105ff).

1. 구역회 (Charge Conference)

구역회는 연합감리교회의 가장 기본 조직단위이다. 구역회는 개체교회의 모든 행정과 사역의 최종적인 결정권을 가지고 있는 기구이다. 구역회는 매년 감리사가 주재하여 모이며 (장정 246항), 교회의 특별한 사정이 있으면 특별 구역회를 소집할 수도 있다 (장정 246.7).

●보고와 평가

구역회에서는 1년간의 사역과 행정의 내용을 보고 받고, 그 내용을 평가하며, 임원회의 추천에 따라 다음해의 사역

목표를 정하고, 그 목표가 이루어질 수 있도록 협력기구를 강화하는 일을 한다. 보고는 구두나 서면으로 할 수 있고, 그 보고를 채택하고, 격려하고, 보완할 점을 지적하여 더욱 나은 사역을 위해 함께 기도하고 숙의한다.

그리고 구역회는 공천위원회가 추천한 내용을 인준하거나 혹은 수정하여 인준한다. 임원회의 구성, 각 행정위원회와 사역, 프로그램 진행을 위한 팀 구성을 위한 공천위원회의 추천내용을 인준하는 것을 말한다. 공천위원회의 추천 중에 중요한 위원회와 사역, 프로그램 부서의 사역내용을 아래와 같이 정리해 볼 수 있다.

*공천위원회

공천위원은 구역회에서 추천할 수 있고, 공천위원회에서 추천하여 선출할 수도 있다. 9명의 회원으로 구성되어 있으며, 매년 3명씩 배정하여 누구나 3년 이상 공천위원을 섬길 수 없도록 규정하고 있다 (장정 259.1.d). 담임목사의 인도로 이 위원회는 사역을 위하여 평신도 지도자를 발굴하고 양육하며 훈련시킨다.

공천위원의 결원이 생길 때에는 감리사에게 임시구역회를 신청하여 수시로 보완할 수 있다. 그러나 일반적으로 감리사는 결원된 위원을 보충하기 위해 개체교회에 가지 않고, 담임목사가 임시구역회의 필요성을 통보하고, 허락을 받은 후에 10일 전 서면으로, 대개는 주보로, 교인들에게 통보하여 임원회를 임시구역회로 주재할 수 있다.

*임원회

장정에 따라 임명동의를 공천위원회로부터 받아 구역회에서 인준한다 (252.5). 한 가지 유의할 점은 임원회에는 반드시 포함되어야 하는 직책들이 있다는 점이다. 그러나 교

집사 훈련 교재

회의 형편에 따라 그 포함하는 범위나 구성원의 수를 융통
성 있게 정할 수 있다. 특별히 한인연합감리교회는 신령직
분을 받은 사람들의 대다수가 임원회에서 일하고 있지만 장
정은 신령직 자체에 대한 언급이 없으며, 신령직을 받은 직
분자가 반드시 임원회에 포함되어야 하는 것은 아니다.

※목회협조위원회

목회협조위원회는 교회의 모든 유급직원이나 자원봉사직
원들의 인사를 관할하고, 평가하며, 효율적으로 사역을 할
수 있도록 돕는 위원회이다. 특별히 담임목사와 협력하여
교인들과의 관계와 사역이 효과적으로도 활발하게 진행될
수 있도록 사역하는 위원회이다.

연회마다 조금씩 차이는 있지만, 목회협조위원회는 담임
목사 및 감독파송목사에 대한 평가서를 다루는 경우가 있
다. 한국교회의 정서로 위원회에서 담임목사의 사역을 평가
하는 일에 익숙하지 않은 점도 있다. 그러나 목회자들의 보
다 나은 사역을 위해서 고칠 점과 보완할 점, 그리고 더욱
강화할 사역항목들을 논의하고 감리사와 함께 기도하는 자
세로 숙의하는 것은 긍정적으로 평가되어야 한다.

연회에 따라 목회자의 사례의 내용이 다를 수 있으나, 대
개 다음과 같은 항목들을 포함하여 사례를 정한다.

◆기본봉급 (Basic Salary)

◆주택비 (Housing Allowance)

◆보험비 (Health Insurance)

◆은급비 (Pension)

◆연장 교육비 (Continuing Education)

◆목회비 (Business Expense)

◆자동차, 교통보조비 (Car Allowance)

◆특별수당 (연회에 따라 고립된 지역에서 사역하는 목회자

들을 위하여 특별수당을 할애하는 연회도 있다. 특별히 자녀들의 양육조건이 열악할 수 있는 곳에 특별수당을 할애하기도 한다.)

목회협조위원회는 정기적으로 유급직원에 대한 사역을 평가하고 더욱 나은 사역을 모색하는 모임을 가져야 한다. 분기별로나 혹은 1년에 최소한 두 번은 모여서 직원의 사역을 평가하고, 격려하며, 고칠 점에 대해서 진지하게 기도하고 숙의하여야 한다. 특별히 교회가 유급직원을 해고해야 하는 사례가 발생할 경우에는 교회에서 일방적으로 통보하는 형식보다는 정기적으로 모임을 가지면서 해고 전까지 고칠 점을 고치려고 노력했던 기록이 있어야 한다. 교회가 해고된 직원의 고소사건을 다룰 때에는 이와 같은 기록들이 교회를 보호할 수 있는 중요한 자료가 된다.

교회의 보험이나 연회의 방침들은 교회에서 일하는 모든 사람들, 즉 유급직원이나 자원해서 일하는 사람들에게 신원조회(Background Check)를 요구하고 있다. 이 일도 목회협조위원회에서 담임목사와 상의하여 연회의 하달사항을 참고로 반드시 갖추어야할 사항이다.

※재정위원회

재정위원회는 교회의 모든 재정사항을 점검하고, 예산집행에 차질이 없도록 확인하고, 교인들의 청지기 신앙을 독려하고, 바른 재정관을 세울 수 있도록 노력하는 위원회이다.

재정위원회는 다가오는 해의 예산을 구역회에 제출하여 인준을 받아 예산을 실행할 수 있도록 준비한다. 3년만 봉사하라는 제한은 없으나, 평신도 지도력의 고른 발굴과 양육을 위하여 대개 3년을 임기로 제한하는 것이 바람직하다. 재정위원회는 헌금이 교우들의 신앙과 직결되어 있음을 중요하게 생각하고, 교우들의 바른 재정관을 위해 여러 가지로 노력해야 한다.

집사 훈련 교재

재정위원회는 하나님께서 우리에게 맡겨주신 재정을 관리하는 자세로 교회의 사역이라면 재정을 아끼지 않고 후원하는 자세로 임해야 한다.

※재단이사회

교회의 모든 동산과 부동산을 관리하며 교회재산을 법적으로 책임지는 기구이다. 구역회가 재단이사회에서 봉사할 공천위원회의 추천을 따로 인준하는 이유는 재단이사회가 사실상 재산을 법적으로 책임지는 기구이기 때문이다. 재단이사회는 교회의 시설과 교회 시설을 사용하는 모든 단체들을 관할하고, 교회의 기본 정신에 어긋나지 않도록 시설물들이 사용되고 있는지 점검하고 확인하는 위원이다. 시설들이 제대로 사용되고 있지 않으면, 그 해결방안을 모색하여 임원회에 보고해야 한다. 자체교회가 없이 미국교회 건물을 사용하고 있는 교회들도 적극적으로 교회 시설물 관리와 원활한 사용을 위해 타회중과 협력하여야 한다.

※사역, 프로그램 부서의 지도자 선출

이 부서들의 지도자들은 구역회의 임무를 수행하는 사람들이며, 공천위원회가 추천하여 선출한다. 여기에는 교육과 선교, 전도와 양육, 복지와 지역사회를 위한 부서 등이 있다. 유의할 것은 이미 앞에서 서술한 행정위원회, 즉 공천, 목회협조, 재정, 그리고 재단이사회의 존재목적은 이 사역 프로그램의 효율적이고 활발한 발전을 위하는 데 있다.

※목사안수후보자 추천

교인 중에서 2년 이상 연합감리교회의 교적을 가지고 있는 이가 목사의 자질이 있다고 여겨지면 목회협조위원회는 그를 목사안수후보자로 구역회에 목사후보로 추천할 수 있다. 구역회가 그 후보자를 인준하면 감리사가 이를 지방회의 안수사역부로 추천하여 안수과정을 밟게 한다.

연회마다 차이가 있기는 하지만, 구역회에서 추천을 받은 목사안수후보자는 감리사가 정하는 지도목사(Mentor)와 함께 즉시 안수과정을 시작하게 된다. 구역회 추천 이후에는 지방회안수위원회 과정을 거쳐야 하고, 지방회에서 인준(Certification) 받은 후에는 연회안수위원회에서 과정을 거쳐 연회에서 안수 받고 파송지로 사역을 나가게 된다. 이 모든 과정이 복잡하고 만나고 지나가야하는 사람과 그 과정이 적지 않아서 대개는 안수까지 가는 시간표(Time Table)를 가지고 과정 하나하나에 주의를 집중하여 임해야 한다.

※교인총회에 대한 이해

구역회 회원은 교회임원회이다 (장정 246.2). 그래서 구역회에 참여하는 숫자가 제한되어 있는 것이 단점이다. 교회의 예산과 결산, 제반 위원회와 사역 프로그램 부서의 선출, 재산에 관한 결정 등을 임원회에서만 다루기에는 너무 크다고 생각해서 교인총회를 갖는 것이다 (장정 248). 교인총회는 감리사 혹은 담임목사 혹은 임원회 혹은 교인의 10%가 요청하면 감리사의 허락으로 소집할 수 있다.

많은 한인연합감리교회가 구역회 전에 교인총회를 하고 구역회에 상정할 안건들을 미리 처리하는 경우들이 많은 것 같다. 감리사와 언어의 장벽 때문에 사용하고 있는 절차이다. 그러나 교인총회에서 결정된 사항들이 구역회에서도 그대로 통과되면 별 문제가 없지만, 감리사 없이 한국말로 교인총회에서 결정된 사항들이 감리사가 주재하는 구역회에서 번복이 되면 문제가 되는 경우가 있다. 이러한 문제를 피하기 위해 감리사가 주재하며, 주요사항을 동시통역하며 교인총회를 갖는 것도 방법 중에 하나이다.

2. 지방회 (District Conference)

연회의 허가로 감리사는 지방회를 소집할 수 있다. 지방회는 그 지방에 속한 목사들과 평신도대표들이 모여서 지방과 관련된 현안들을 다루고, 결정하여 실행한다. 지방회에서는 지방재단이사회 및 지방의 사역을 위한 행정과 프로그램 사역팀을 공천하여 선출하고 사역에 임하게 한다. 지방회에서는 지방공천위원회, 지방평신도대표와 감리사의 사역을 협조하는 지방목회협조위원회, 지방안수위원회, 지방선교사역회 (District Union), 그리고 사역 및 프로그램을 위한 위원들을 선출한다. 지방공천위원이 이들을 추천한다. 물론 지방의 특색이나 사역 여건에 따라 공천의 내용이 다를 수 있다.

지방회에서는 한 해 동안 있었던 중요한 지방 사역들을 보고하고, 또 지방 교회들이 협력하여 이룰 수 있는 사역의 내용과 비전을 나누는 일도 한다. 또 남선교회와 여선교회, 청소년들의 사역을 협조하고 활성화 할 수 있는 방안을 모색하는 일도 맡아 하게 된다 (장정 656ff).

3. 연회 (Annual Conference)

연회의 기본 목적은 교단의 기본 선교사명인 제자양육에 있으며, 이를 위해 개체교회의 사역을 돕고 프로그램 개발과 실행을 위해 협력하며, 교회와 연회협력기구들과의 연대를 통하여 선교사명을 더욱 효과적으로 실천할 수 있도록 도와주는 데 있다 (장정 601).

연회는 목사들과 개체교회에서 선출된 연회평신도대표들이 동수로 되어 있으며, 해당 연회에서 다루어야할 수많은 현안들을 민주적인 절차에 의하여 숙의하고, 기도하며, 결정하고, 실천한다. 연회기간 중에 다루는 많은 과제와 과정 중에 우리가 이해해야 할 중요한 몇 가지 항목들을 정리하여 설명하려고 한다.

•연회에 속한 기구들이 한 해 동안 사역한 내용을 보고한다.

•연회에 올라온 많은 규정 및 해결사안(Resolution)에 대하여 심의하고 인준한다. 총회가 미국의 연방국회에 해당한다면, 연회는 지방의회에 해당한다고 할 수 있다 (Jack Tuell, *The Organization of The United Methodist Church*, 119).

•4년에 한 번씩 하는 일이지만 총회와 지역총회에 보낼 대표를 선출하는 것이 연회가 하는 중요한 역할 중에 하나이다. 이 대표들은 연회의 목소리를 총회나 지역총회 차원에서 발휘하게 된다.

•연회안수위원회를 통하여 목사를 안수하고, 기존 목사들을 관리, 교육, 훈련하며, 필요에 따라 징계하고, 퇴출시키는 일을 한다.

•목사의 지도력의 특색과 교회의 사역 형편을 고려하여 목사를 개체교회에 파송한다. 연회라 함은 목사들의 파송기간을 1년으로 하여 매년 그 파송을 갱신함으로써 파송된 목사가 그 교회에서 1년 이상 사역하는 것을 말한다.

•연회 동안 연회가 준비한 예배와 경건 시간을 갖는다. 흩어져서 사역하던 목사와 평신도대표들이 함께 모여서 서로가 하나 되어 사역하는 것을 축하하고, 서로 격려하며, 가르치고, 배우며, 사역의 자료들을 나누고, 같은 사명을 예배를 통하여 서로 나누는 것은 큰 의미 있는 연회 행사 중에 하나이다.

4. 지역총회 (Jurisdictional Conference)

지역총회는 미국의 영토를 다섯 지역으로 나누어 조직되어 있다. 다섯 지역은 서부, 중남부, 중북부, 동북부, 동남부이다. 연합감리교회 역사 속에서 이 지역총회가 흑인교회와 연회를 한 곳으로 모아 사역하도록 하는 의미로 출발했으나, 노예제도가 폐지되고 흑인 감리교인들이 분리되어 있는 것이 더 이상 옳지 않게 된 지금은 지역적 구분 외에는 다른 의미가 없게 되었다 (Tuell, 118). 지역총회는 목사대표의 수와 평신도대표의 수가 동수로 구성되어 있으며, 지역총회가 하는 일들은 다음과 같다.

지역총회는 그 지역에 맞는 사역과 프로그램을 만들어 각 소속연회의 사역을 돕는 일을 한다. 지역총회에서 하고 있는 프로그램들을 지원하기 위하여 각 연회가 재정적인 지원을 분담하기도 한다. 예를 들어, 날로 성장하는 한인연합감리교회를 위하여 대부분의 지역총회가 한인선교프로그램을 지원하는 것을 볼 수 있다. 이런 것은 지역총회가 해당 지역의 사역상황에 따라 프로그램을 창출하고 지원하는 것이라고 볼 수 있다.

지역총회가 행하는 가장 중요한 임무는 새로운 감독을 선출하는 것이다. 지역총회는 각 연회의 교인 수에 따라 대의원으로 배정된 지역총회대의원(대표)들이 감독후보로 지명된 목사들을 해당 지역총회의 선거절차에 따라 선출한다. 이렇게 선출된 감독들은 감독회의(The Council of Bishops)의 회원이 되고, 동시에 지역총회의 감독단(The College of Bishops)의 회원이 된다.

5. 총회 (General Conference)

미국에 연방국회가 있듯이 연합감리교회에는 총회가 있다. 총회는 두 가지 중요한 기능을 한다. 첫 번째 총회의 기능은 연합감리교회를 대표하는 기능이다. 총회는 각 연회에서 선출된 600-1,000명의 총회대표(총대)들이 4년에 한 번씩 4월이나 5월에 11일 동안 미국과 세계 20여 개 국가의 총대들이 모이는 교단의 최고 대표기관이다.

두 번째 총회 기능은 입법의 기능이다. 미국과 전 세계에 퍼져있는 연합감리교회의 장정(교회법)을 입법화하고, 매 4

년마다 수정판을 낸다. 한글판으로도 매 4년마다 출판되고
있으며, 한인연합감리교회의 사역질서와 효과적인 사역을
위해서 사용되는 것이 바람직하다.

총회는 평신도와 목사가 같은 수로 구성되어 있으며, 교
단의 미래 사역을 위한 방향을 정하고 교회를 하나로 묶는
역할을 한다. 감독들은 회의를 주재하지만, 회의 결정과정에
투표나 의견발표를 할 수 없다. 거의 대부분의 총대들은 열
하루의 회의기간 동안에 자기에게 할당된 소그룹 입법안들
을 다루게 되며, 절차에 따라 그룹에서 정해진, 혹은 정하지
못한 안건들을 총회장에서 다루게 된다.

18세기 말 순회목사(Traveling Methodist Preachers)
들이 모여서 매년 회의를 가진 것이 오늘의 총회의 시작이
다. 대개 이 모임은 볼티모어(Baltimore)에서 열렸는데, 나
중에 감리교가 점점 더 성장하면서 교회의 복잡한 교회법을
다루고 토의하고 입법하기에 이르렀고, 1792년에 가서야
모든 목사들이 볼티모어에 모여 매 4년에 한 번씩 모이기로
결정하는 것으로 지금의 총회가 태동되었던 것이다 (Thomas
Frank, *Polity, Practice, and the Mission of The United
Methodist Church*, 226).

3장
연합감리교회의 특징

요한 웨슬리는 처음부터 새로운 교단을 시작하려는 생각으로 사람을 모은 것은 아니었다. 영국국교의 사제로 최후를 맞이한 웨슬리에게는 새로운 교단보다는 어지럽고 혼탁한 세상에서 경건한 생활을 하기 위해 소그룹을 시작했다. 개인의 신앙생활과 영적 상태에 많은 관심을 두며, 실적보다는 믿는 이들 간의 관계에 더욱 힘을 쏟으며 시작된 영적 운동이라고 볼 수 있다. 220년 이상 수많은 역사적인 전환점들을 거친 지금의 감리교회는 요한 웨슬리가 시도했던 창립 정신의 내용을 많이 달리하고 있다.

이민의 나라이면서도 나름대로 국가적인 특수성을 가지고 있는 미국이 유럽을 중심으로 한 신앙관과 해석을 지속해오다가 이제는 세계 모든 나라에서 들어온 이민자들의 교회관과 신앙생활의 다양함을 수용해야 하는 것이 연합감리교회가 당면하고 있는 도전이다. 다양하고 급격한 변화 속에서 지금 우리가 속하여 사역하고 있는 교회에는 몇 가지 특성이 함께 어우러져 있는 것이 사실이다.

첫 번째 연합감리교회 특징은 포괄적인 치리자(General Superintendent)가 이끄는 감독 중심제도이다. 감독회의(The Council of Bishops)는 교단의 영적인 면과 눈에 보이는 교회라는 기관을 감독하고 지도하는 단체이다. 지역총회나 해외총회(The Central Conference)에서 선출되어 70세까지 종신제로 봉직되는 감독은 교회의 최고 영적 지도자로서, 교회를 이끌고 관리하는 일을 한다.

두 번째 연합감리교회 특징은 감독들을 중심으로 해서 교회가 연결되고, 사역에 유기적인 상호교통이 이루어져도, 동시에 교회의 결정은 민주적인 절차를 따른다는 것이다. 앞에서 다루었던 여러 종류의 모임들(Conferencing)이 그 예라고 말할 수 있다. 구역회에서부터 총회에 이르기까지, 대표를 선출하는 과정에서부터 감독이나 목사의 안수를 위하여 투표하는 것까지, 교회의 현안을 상정하고 각종 회의에서 그들을 다루는 모든 절차는 민주적인 절차를 원칙으로 하고 있다. 교회 안에서 표현의 자유와 다수결의 원칙으로 교회의 현안을 발표, 상정하며, 투표하여 결정하는 과정을 말하는 것이다. 웨슬리가 순회목사들을 모으고 1784년에 그 목사들이 프란시스 에스베리와 토마스 콕을 그들의 감독(General Superintendent)으로 선출하기 위해 투표하면서부터 교회는 사실 민주적인 절차를 통하여 그들의 지도자를 선출하고 봉직하는 민주적인 가치가 교회에 자리 잡게 되었다 (Frank, 106ff).

지금도 구역회에서 연회대표를 선출하고, 연회에서 총회대표와 지역총회대표를 선출하여 그들의 목소리를 대신하게 하고, 감독을 선출하는 일은 교회 전체가 민주적인 절차를 바탕으로 의견을 모으고 결정하는 교회라고 볼 수 있다. 장정에 흐르는 의사결정의 과정도 민주적인 절차로 사안을 제출하고 협의하며 결정하고 실행할 것을 종용하고 있다.

세 번째 연합감리교회 특징은 다양성이다. 세상이 변화하면서 교회가 당면한 선교적인 토양이 급격하게 변화한다는 말이다. 백인이 지배적인 입장에서 흑인을 노예로 다루던 시절부터 오늘에 이르기까지 교회가 겪고 있는 큰 도전은 인종과 언어, 그리고 문화의 다양성을 여전히 한 교단의 테두리 안에서 연결시키고, 하나로 묶는다는 것이다. 미국 전역이 그렇지만, 특별히 비(非)유럽계의 이민 인구가 급격하게 증가하는 미국 대륙의 서부와 동부는 더 이상 한 인종과 한 언어를 바탕으로 한 사역이 어려워지는 시대를 맞이하고 있다.

교단의 지도층이나 섬기는 이들의 구성을 보아도 이제는 한 인종으로 이루어지거나 한 언어로만 지탱되어지는 사역은 어려운 것 같다. 그 예로 감독회의나 감리사들의 분포를 보아도 이제 연합감리교회는 다양성을 골치 아픈 문제로 보는 것이 아니라, 하나님께서 주신 기회로 보아야 할 때가 이미 당도했음을 알 수 있다.

사회가 복잡해지고 당연시 되어왔던 전통적인 가치들이 다양한 신학적 해석으로 재고해야 할 시기에 와 있다. 이전에는 재고의 가치도 없던 당연한 문제들이 사회의 가치가 다양해지고 신학적인 자세가 여러 갈래로 나뉘면서 교회가 신학적인 문제나 사회의 문제를 두고 다양한 목소리들을 다루어야하는 시기에 와 있다.

예를 들어, 유색인종의 목사안수라든지, 여성의 목사안수 문제를 두고 교회가 재고의 가치도 없이 안수를 거부한 때로부터 1세기도 지나지 않았다. 지금은 여성의 지도력이 어느 교단보다도 더욱 활발하게 그 몫을 다하고 있고, 백인 이외의 목사들이 지도자로서의 모습을 견지하며 섬기는 일은 그리 신기한 일이 아닌 것으로 변해 있다.

사회적인 문제를 두고는 낙태문제부터 동성애문제까지 교회 안에서 서로 첨예하게 다른 입장을 견지하면서 신앙생활한 지 벌써 긴 세월이 흘렀다. 같은 교회 안에서, 같은 성경을 가지고 같은 사회적인 문제들을 다양하게 해석하고 실천하면서 사는 세상에 교단이 당면한 다양성에 대한 태도는 조심스러우면서도 하나님의 뜻을 쉬지 않고 해석하고 발표해야 하는 도전에 직면하고 있다.

연합감리교회의 역사 속에서 교단의 분리와 통합을 거듭하면서 겪어낸 많은 고통 중에는 다양한 신학적인 해석들을 두고 의견조정이 되지 않아 극한 결정을 실행하는 것으로 빚어진 것이 많다. 사람이 가지고 있는 한계 속에서 다른

것과 "틀린 것"을 구별하여 하나가 되거나 분리되는 것이
쉽지 않은 일이다. 세상에서 하나님 나라를 상징하는 사명
을 지닌 교회도 사람들이 모여 있는 단체로서 다양성을 품
으며 하나 된 교회로 사역하는 것이 쉽지는 않은 일이나,
동시에 그 다양성이 주는 신앙의 지평확대는 하나님의 은총
이기도 하다.

네 번째 연합감리교회 특징은 목사의 파송과 개체교회의
한계를 넘는 평신도의 대표성, 선교 분담금의 모음과 사용,
교단의 각 기관의 개체교회 사역을 돕는 일 등이 함께 연결
되어 유기적으로 사역하는 것이 특색이다.

한 곳에서 사역하면서 동시에 여러 곳에서 연결되어 섬길
수 있는 특징을 가진 교회이다. 이 유기적인 연대는 크고
작은 교회들이 모여서 개체교회로서는 상상할 수 없는 선교
와 교육 등의 사명을 감당할 수 있게 만든다.

4장
한인연합감리교회의 당면한 과제들

연합감리교회와 한인교회의 사역현장을 참고하면서, 교회의 직분자인 지도자로서 사역에 기여하고 헌신할 수 있도록 최선을 다하는 자세가 우리 모두에게 절실하게 필요하다. 교단 내에서 다양한 모습으로 도전하고 있는 것들을 통하여 하나님의 뜻을 찾고, 경건의 자세를 다시 추슬러서 긍정적인 사역의 기회로 삼는 지혜가 이민교회에 더욱 필요한 시점에 우리가 서 있다.

물론 한인연합감리교회라 해도 사역하는 지역의 상황에 따라 사역의 초점과 내용이 조금씩 다를 수 있고, 비전과 프로그램의 우선순위가 다를 수 있다. 그러나 대개 다음 몇 가지 사항들이 한인연합감리교회의 사역에 전반적인 과제로 나타나고 있는 현상들이라고 볼 수 있다.

첫 번째 과제는 언어와 문화의 격리에서 생기는 사회적인 고립과 갈등이라고 말할 수 있다. 언어는 의사소통만을 위해서 있는 것이 아니다. 언어는 일정한 언어를 사용하고 있는 공동체의 역사와 문화를 담고 있는 삶의 틀이다. 가치관과 신앙 해석도 마찬가지로 사용하고 있는 언어에 따라 달라진다고 말할 수 있다. 우리들이나 후손들이 섬기는 이민교회는 언어와 문화의 차이에서 오는 외부와, 또 타민족 연합감리교회와의 연결과 상호협력을 위해서 꾸준히 일을 해야 한다.

두 번째 과제는 세대 간의 갈등과 협력문제이다. 이민 역사가 비교적 짧은 한인이민교회 1세들은 이제 사회의 지도층 자리에 오르기 시작하는 1.5세, 2세, 그리고 3세와 사역을 위한 파트너로서 관계를 정립해야 할 때이다. 대부분의 교회가 차세대 사역에 대해서 관심을 갖고 있으면서도 그 교육과 사역의 지도력을 나누는 데 있어서는 아직 어려운 모습을 보이는 것이 현실인 것 같다. 영어목회를 지도하는 젊은 목사들의 관심사의 대부분은 1세 교회와 상호협력하면서도 독립적인 목회를 겸할 수 있는 사역을 지향하고 있다. 10년 전만 해도 1세 교회의 재정적인 협조로 가능했던 영어목회가 이제는 재정적으로나 행정적으로 독립하여 사역하는 곳이 많아졌다. 1세와 차세대가 행정이나 사역의 주도권을 놓고 경쟁하는 자리에 있는 것보다는 서로 협력하고 서로 다른 자리에서 지도력을 인정하고 파트너로서 미래를 위하여 사역의 방향을 논의하고 함께 기도하는 자세가 필요한 때가 왔다.

전국적으로 연결되어 있는 영어목회 지도자들의 모임은 모든 한인연합감리교회가 관심을 가지고 협력해야 할 모임으로 자리를 잡아가고 있다. 영어목회 지도자들의 모임은 영어목회 지도자를 양육하고 필요한 교회에 준비된 영어목회자를 연결하고 있으며, 영어목회를 위한 전반적인 사역 자료를 수집하고, 정리하고, 개체교회에서 사용할 수 있도록 준비하는 일들을 하고 있다. 이제는 각자가 처해 있는 곳에서 지도자의 자리를 잡아가고 있는 차세대 한인연합감리교회의 교우들을 우리 모두의 지도자로, 또 함께 섬기는 동역자로 인정하고 사역할 때가 지금이다.

세 번째 과제는 연합감리교회의 특성인 다양성의 바른 이해이다. 연합감리교회는 신학적으로나 사회정의 면에서 한인연합감리교회와 신학적으로 다르게 생각함이 분명하다. 대체적으로 보수적인 신학과 신앙의 자세를 견지하고 있는 한인연합감리교회에 비해서 사실 연합감리교회의 신학적인 성향은 극히 진보적인 신학부터 극도로 보수적인 신학까지 교단 전반에 흩어져 있다.

일반적으로 연합감리교회는 동성애문제나 여성의 지도력

을 다루는 일에 있어서도 한인연합감리교회의 태도보다 훨씬 다양한 면을 보여주고 있음이 사실이다. 아직도 상당한 위치를 차지하고 있는 한인연합감리교회들의 담임목사직이나 교단의 영향력 있는 지도자의 위치에는 여성의 지도력이 많이 결여되어 있는 것도 우리에게는 풀어야하는 과제 중에 하나이다.

네 번째 과제는 장정에서 정하는 교회의 리더십과 신령직의 문제를 두고 한인연합감리교회가 꾸준히 공부해야 한다는 것이 큰 과제 중에 하나이다. 신령직 과제는 한인연합교회라면 교회 크기에 상관없이 우리만이 겪는 고민이요 사역의 과제이다.

지금도 소수의 한인연합감리교회 중에는 장정에 따라 집사, 권사, 장로의 제도를 사용하지 않는 교회들이 있다. 그러나 대부분의 교회들이 신령직제도를 사용하면서 고전하고 있는 것도 현실이다. 문제는 장정에 따라 감리사가 주재하는 구역회나 교인총회에서 매년 선출되는 교회의 지도자와 평생직으로 이해되는 장로 혹은 권사 혹은 집사제도 사이에 마찰이 있다는 사실이다.

한인연합감리교회는 장정에 따라 선출되는 평신도 지도자들과 신령직 사이에 명확한 제도적인 이해가 절실히 요구된다. 교회에서 신앙생활의 본이 되는 사람들이 집사, 권사, 장로로 천거되어 선출되는 과정과 장정에서 정하는 행정과 프로그램 사역의 자리에 선출되는 과정에 대한 구분과 제도적인 차별이 절실히 필요하다는 말이다. 다시 말하면, 3년 혹은 제한된 임기를 두고 돌아가면서 교회를 섬기는 지도력을 기본정신으로 하는 장정과 평생직으로 생각하는 신령직 때문에 생기는 에너지 유출은 어떤 모양으로든 막아야 한다는 것이다. 신령직제도가 한인연합감리교회에 거침돌이 되지 않고 오히려 교회의 성장과 발전에 디딤돌이 되도록 기도를 모으고 지혜를 모아 우리 모두가 공유할 수 있는 제도를 창출해 내야 한다.

다섯 번째 과제는 한인연합감리교회가 당면하고 있는 목회자와 평신도의 지도력이다. 지도력 개발을 두고 최근 10여년 사이에 수많은 정보들이 쏟아져 나왔다. 책으로 아니면 강의를 통한 지도력 향상을 위한 교단적 차원에서의 노력도 적지 않았다. 특별히 교단에 대한 충성도보다는 개인적인 지도력에 더 많은 무게를 두고 있는 지금의 신앙인들의 양상을 보아도, 지도력의 개발과 향상을 위한 노력은 그 어느 때보다도 더욱 절실해져 있다.

교단의 소속감 때문에 교회를 찾는 교인들도 있지만, 결국은 교회를 섬기고 있는 목회자와 평신도들의 리더십이 교회의 성장과 발전에 중요한 위치를 차지하고 있다. 이 일을 위해 한인연합감리교회가 시대에 민감하면서도 앞서가는 리더십 향상을 위하여 꾸준히 프로그램 개발과 교단차원의 지원을 모색해야 한다.

교단의 통계에 의하면, 지금 속도로 교인 수가 감소되어 간다면 2056년쯤 연합감리교회가 이 세상에서 더 이상 존재하지 않을지도 모른다는 통계가 발표된 적이 있었다. 물론 하나님 나라를 이 땅에서 선포하는 일에 숫자가 모두는 아니다. 그러나 줄어가는 숫자와 감소해 가는 교단적 에너지에 대하여 말하지 않을 수 없다. 웨슬리는 자신이 세운 감리교단이 사라지는 것을 걱정한 것이 아니라, 그리스도를 섬기는 열정이 사라질까봐 걱정했었다. 그리스도는 교회보다 크며, 복음은 교회의 흥망성쇠보다 더욱 귀한 것이다. 그러나 연합감리교회는 숫자적인 감소를 면치 못하고 있으며, 사회적으로도 그 영향력을 점차 잃어가고 있는 것이 사실이다. 연합감리교회의 식어져가는 신앙열정에 다시 한번 그리스도를 향한 우리만의 결단과 섬김의 자세를 가지고 교회를 다시 일으킬 수 있는 역사가 있을 것이라고 믿는다. 그래서 하나님께서 한인연합감리교회에 맡겨주시는 **특별한** 사명은 직분을 맡아 사명을 감당하기 위해 섬기는 자세로 임하는 여러분을 통해 이러한 부흥이 이루어지리라고 믿는다.

　신령직의 초입에 들어서는 신앙인으로서 집사의 직분을 감당하는 일에 최선을 다하는 섬김의 자세가 있어야 한다. 평신도 지도력의 초석으로써 일하는 자리에 낮은 자의 모습으로 임하는 겸손과 결단이 있기를 기원한다. 교회를 위한 섬김의 생활과 스스로를 가다듬고 성숙하게 세워가는 경건, 그리고 섬기는 교회와 연결된 연합감리교회의 사역의 구조와 틀, 그리고 사역의 내용을 이해하고 **협력하는** 열린 자세가 있어야 할 것이다.

■참고 문헌

1. *The Book of Discipline of The United Methodist Church* 2004 (The United Methodist Publishing House)
2. 연합감리교회 *장정* (The United Methodist Publishing House. 2004)
3. Thomas Edward Frank, *Polity, Practice, and the Mission of the United Methodist Church* (Nashville: Abingdon Press. 1997)
4. Jack Tuell, *The Organization of the United Methodist Church* (Nashville: Abingdon Press. 1985)
5. Chester Custer, *The United Methodist Primer* (Nashville: Discipleship Resources. 1986)
6. 이덕희, 김찬희 편, "하와이 한인들이 하와이 감리교회에 끼친 영향: 1903-1952" *미주한인감리교회 백년사* 제2권 (Committee on Publication of *100-Years History of Korean-American Methodist Church*. 2003)

www.ingramcontent.com/pod-product-compliance
Lightning Source LLC
Chambersburg PA
CBHW011155090426
42740CB00018B/3396